『指導死』

追いつめられ、死を選んだ七人の子どもたち。

「指導死」親の会 代表世話人
大貫隆志 編著

京都精華大学人文学部
住友 剛

教育評論家
武田さち子

高文研

はじめに――「指導死」とは

「指導死」親の会 代表世話人
ジェントルハートプロジェクト理事
大貫 隆志

「指導死」という耳慣れない言葉について

「指導死」という言葉を耳にされたことがあるでしょうか。2013年1月8日から始まった大阪桜宮高校の、いわゆる「体罰」自殺事件報道をきっかけに、「体罰」の是非を含むさまざまな議論が過熱しました。それとともに「指導死」という言葉も広く使われたことから、初めてこの言葉に触れた方もいらっしゃるかもしれません。しかし、それ以前は、新聞やテレビでごくまれに露出されるだけでしたから、ご存じなくても不思議ではありません。

「指導死」は、生徒指導をきっかけに子どもを自殺で失った遺族の間で生まれた、新しい言葉です。「生徒指導をきっかけ、あるいは原因とした子どもの自殺」を意味します。教育用語でもありませんし、心理学用語でも法律用語でもありません。つい最近までは、限られた自殺遺族の間でだけ通用する、特別の言葉でした。詳しくは後述しますが「学校での生徒指導をきっかけに生徒が自殺すること」を「指導死」と呼ぼう。そして「指導死」の存在を世の中に広く知ってもらおう。こうした狙いから２００７年に作られた言葉です。

なぜ生徒指導で生徒が自殺を、と奇異に思われる方もいらっしゃるに違いありません。まさしくそのとおりで、生徒指導とは文部科学省の定義でも、――「一人一人の児童生徒の人格を尊重し、個性の伸長を図りながら、社会的資質や行動力を高めることを目指して行われる教育活動のことです。すなわち、生徒指導は、すべての児童生徒のそれぞれの人格のよりよき発達を目指すとともに、学校生活がすべての児童生徒にとって有意義で興味深く、充実したものになることを目指しています。（文部科学省 生徒指導提要 第1章第1節 平成22年4月2日）」とされています。この目的に沿った生徒指導が行われるならば、それをきっかけに子どもが自殺するなど考えられないことです。

報道されたケースだけでも 68件の「指導死」が

しかし実際には、「生徒指導の結果としての自殺」としか思えない事件が少なからず起こっています。新聞などの報道を元に、教育評論家の武田さち子さんがまとめたデータによれば、１９５２年から２０１３年までの間に、「指導死」と思われる自殺が68件（うち5件は未遂）起こっています。

「指導死」はいじめ自殺以上に報道されにくい性格を持っています。なぜなら、何らかの形で我が子が学校のルール違反を犯した結果の指導、そして自殺だからです。いじめ自殺の場合でも、「我が子がいじめられていたことを公にすることは子どもに申し訳ない」と考える遺族もいます。そうだとすれば、それ以上に「我が子の学校でのルール違反をことさら公表することは子どもに申し訳ない」と考える遺族がいても不思議ではありませんし、実際に少なくありません。加えて、自殺そのものへの偏見、例えば自殺には遺伝的要素があり、自殺者のいる家系は自殺率が高いなど、遺族にとって我が子の自殺を口にしにくい現実もあります。

それでも68件の「指導死」が報道されているということは、この背景に数倍～十数倍の報道されない「指導死」が存在すると想像できます。

「指導死」を考えていく上で必要になってきた定義

私が最初に「指導死」という言葉を考えたときは、「説諭」や「叱責」などの口頭での指導による自殺、暴力などを一切含まない「指一本触れない型」を想定していました。というのも、その段階で身近にいた「指導死」遺族はすべて「指一本触れない型」だったからです。それで、一見何の問題もない普通の指導ですら「子どもが死に追い込まれる」ことに警鐘を鳴らしたかったのです。

ところがそのうちに、いわゆる「体罰」指導を背景とする自殺を「指導死」と呼ぶことが増えていきました。もともと「指導死」の概念を広めていって、それをきっかけに子どもの自殺を考えてもらいたいと思っていましたので、多くの人に使っていただけるのはありがたい話だと思いました。ただ、当初の想定とは違う使われ方をしてきたので、何らかの定義づけが必要だと感じるようにもなりました。「定義」と呼ぶのも大げさかとは思いましたが、何を「指導死」と表現するのかを整理することにしました。少しずつ手を加えてきたのですが、現在では次の表現で定着しています。

生徒指導をきっかけとした
子どもの自殺「指導死」の定義

1　一般に「指導」と考えられている教員の行為により、子どもが精神的あるいは肉体的に追い詰められ、自殺すること。

2　指導方法として妥当性を欠くと思われるものでも、学校で一般的に行われる行為であれば「指導」と捉える（些細な行為による停学、連帯責任、長時間の事情聴取・事実確認など）。

3　自殺の原因が「指導そのもの」や「指導をきっかけとした」と想定できるもの（指導から自殺までの時間が短い場合や、他の要因を見いだすことがきわめて困難なもの）。

4　暴力を用いた「指導」が日本では少なくない。本来「暴行・傷害」と考えるべきだが、これによる自殺を広義の「指導死」と捉える場合もある。

す。

学校における「教員」と「生徒」の関わりのすべてを「指導」と位置づける

「指導」とは、「ある目的に向かって教え導くこと」（岩波国語辞典）とあります。「指導」が正しく行われていれば「自殺」するはずはないのだから、「指導」と「自殺」を結びつける名前は間違っているとの声も上がりました。確かにそのとおりです。ただし、「正しく行われていれば」です。

現実には、どう考えても直前の「指導」以外には「自殺」の要因が見いだせないケースが起きているのです。その現実を知っていただくための「指導死」ですから、物議を醸すことは承知の上で、この言葉を使いつづけてきました。

また「指導」には、「説諭」「叱責」「懲戒」などさまざまな種類があります。それらをひとくくりに「指導」と呼ぶのは無理があるとの指摘もありました。確かにそうかもしれません。しかしそうした詳細な議論は専門的な知識をもつ研究者にお任せしたいと思います。

「指導死」における「指導」は、学校における「教員」と「生徒」の関わりのすべてを「指導」と位置づけています。日常的なごく普通の関わり、例えば授業やクラブ活動での「教員」と「生徒」の関わりの全部、何らかの問題行動があった場合の「教員」と「生徒」の関わり、そのすべてを（多少乱暴であることを承知の上で）「指導」と呼んでいます。

「指導」する教員に「恐れ」の感覚はなかったのか

「指導」で子どもの心が傷ついて「自殺」してしまうなら、怖くて「指導」などできない、という声が聞こえてきそうです。事実、自殺した私の次男・陵平の指導に関わった教員からはそうした声を聞きました。

「大貫くんのことがあってから、怖くて指導できなくなっている」

その発言を聞いたとき、逆に私は大変驚きました。

「あなたは今まで怖くなかったんですか？　自分の一挙手一投足がどのように子どもに影響を与え、その結果が時に重大なものとなることを自覚していなかったのですか？」

そう問い返したい気持ちになりました。

たぶんその教員にとっては、あるいは陵平の通っていた新座市立第二中学校では、長時間の事実確認や反省文、奉仕活動や決意表明などの指導（詳しくは手記に）は特別のものではなかったのでしょう。ずっと行われてきたものだったし、先輩教員から教えてもらった方法だったのかもしれません。しかし、初めてその指導方法や内容を聞いた私にとっては、とても異様なものでした。

例えば、学校に持ってきたお菓子の数と、それを食べたと言った子どもの数が合わないといって、他にも誰か食べた子どもがいるだろうと、名前を言わせていく行為。これは指導なのでしょうか。それはまさしく仲間を裏切らせる行為で、私にとっては「自白の強要」としか思えませんでした。

しかし、陵平の自殺後、支援してくださった近くに住む高校の先生は、「お父さん、そんなことは学校では日常茶飯事ですよ」と私に言いました。子どもの気持ちをくみ取ることのできる先生だと思っていただけに、その言葉はショックでした。やはり「学校の常識」はどこかおかしい、と改めて思いました。

「指導」における「つもり」と「結果」のギャップに意識を

「指導」を受けている子どもたちの声は、「指導」をしている教員に届いているのでしょうか。「軽い気持ちでしていることが、されている側には大きな心の傷になっていることもある」。これはいじめ問題でよく言われる加害・被害間の体験の差です。加害側は遊んでいるつもりでも、被害側は深刻なダメージを受けているという意味です。「指導」でも同じことが起きているのではないでしょうか。

いじめによる自殺でも、「いじめられたくらいで自殺するのは、その子が弱いからだ」といった、事実に基づかない、単なる感想レベルの意見がまかり通っています。こうした姿勢が、いじめ自殺の防止を妨げている要因の一つであることは、いじめ問題の専門家の間では常識となっています。自殺原因を被害者個人に求めることは、本質的な課題を見えにくくすることにつながります。本質的な課題とは、いじめる側の問題です。いじめる側のいじめ行為をいかに抑止するか、ここが重要です。

　同じように、指導をきっかけ、あるいは原因とした子どもの自殺が存在するなら、指導のあり方を丁寧に検証する必要があります。そしてもし、原因、またはそれと想像できるものがあれば指導方法を再検討すればいいだけです。「生徒のためを思ってしている行為だから」というのは言い訳になりません。

　本来であれば起こるはずのない自殺が、なぜ、これほど多く起こってしまうのでしょうか。この本では、指導をきっかけとした、あるいは指導を直接の原因とした自殺の実際を7例ご紹介していきます。それぞれに小さな、つまり自殺しなくてはならないほどではない出来事から指導が始まり、指導の最中に、または指導の直後に生徒が自殺をしています。

　できればぜひ皆さんご自身の感覚でそれぞれの事件を追体験していただき、「なぜ」を解いていっていただければと思います。「なぜ」彼らは自殺したのか。「なぜ」そのような指導が行われたのか。「なぜ」その指導でなければならなかったのか……。

　多くの「指導死」遺族は、子どもの自殺が起きてからずっと、その「なぜ」と向き合っています。私たちの目の前から離れないその「なぜ」と、ぜひ向き合ってほしいのです。

◆もくじ

装丁＝鈴木朋子

I

追いつめられた子どもたち

——遺族の手記 '00–'02 年

大貫　隆志
西尾　裕美
金沢けい子

校内でお菓子を食べたことの指導の後で――大貫　隆志

大貫　陵平（中学校2年生・13歳／埼玉県）

2000年9月30日、自宅マンションから飛び降りる。

彼の部屋の机にはきちんとした字で書かれた反省文と、床には乱れきった字で書かれた遺書が残されていました。直前まで家族と一緒に「欽ちゃんの仮装大賞」を見ながら笑い転げていた彼が、たった40分の間にどんな気持ちを感じ、どんな理由から死に追いやられたのでしょうか。

「たくさんバカなことして、もうたえきれません」

陵平がこう思わなければならなかったのはなぜでしょうか。陵平が帰ってくることはないのですが、私は今でも繰り返し答えを追い求めています。

◆昼休みに学校で友達からハイチュー（チューイングキャンデー）を一つもらって食べた。

◆一緒にお菓子を食べた生徒9人（最終的には21人）と、12人の教師による1時間半の指導を受ける。

◆その指導で反省文を書くこと、どんな奉仕活動をするかも反省文に書くように指示を受ける。

◆翌日の担任から親への電話で、「来週行われる臨時学年集会で全員の前で決意表明をしてもらう」「親にも学校に来てもらう」ことを告げられる。

◆担任からの電話の40分後、自宅マンションから飛び降りる。

２０００年9月30日 陵平の死を知らせる土曜日深夜の電話

「陵平が死んじゃったの！」

受話器からは陵平の母親のふるえる声が聞こえてきました。

「ウソだろ、そんなの」

そう答えながらも、電話の向こう側の緊迫した様子も伝わってきて、これは動かしがたい事実なんだと思いました。朝霞台中央総合病院にいると言われ、ああ、陵平が水いぼの治療を受けた病院だったなと思いかえしながら、特に考えもなく近くにあったタオルをつかんで車に乗り込みました。

激しい雨の降っている夜でした。フロントガラスのワイパーが動いているのに、だんだん前が見にくくなってきました。知らないうちに涙が流れていたのです。タオルで涙をぬぐい、ハンドルを握りしめ、目を見開き、そしてまた涙をぬぐって。いつの間にか体が硬直して、呼吸も速くなってきました。

「落ち着け！」

「しっかりしろよ、こんな時に事故なんて起こすなよ！」

大声を出して、自分に言い聞かせます。ほほを平手打ちして、深呼吸を繰りかえし、前を走る車のテールランプを見つめて車を進めました。10キロほどの道のりでしたが、とても長い間運転していたような記憶があります。

「ごめんなさい」

待合室に入ると、治療室から出てきた陵平の母親は、それだけ言うと泣き崩れました。

「大丈夫だから」

そう言って私は、治療室へと入りました。そこには、陵平がいました。真っ白いシーツの上に横になって、眠るように、でもぬくもりはほとんどなく、顔に手をかざしてみても、呼吸を感じることはできませんでした。

しばらくして待合室に行くと、警察官と陵平の母親が話をしていました。警察官はしきりに何かをメモしていました。なぜ警察官がここにいるんだろう。そう思いながら辺りを見回すと、ビニール袋に陵平の服と靴が入れられていました。何かの事故だったのか。だから警察官がいて調書を取っているのか。

数カ月前から陵平はあごのしこりの検査を受けていました。私はそのしこりが悪性のもので、それで陵平が亡くなったとばかり思い込んでいたのです。

「陵平がマンションから飛び降りた」

警察官との話を終えた母親の口からその言葉が出たとたん、私はもう立っていることができませんでした。

1999年5月からの別居
そして7月末の離婚

「陵平の母親」という表現に、違和感がある方がいるかもしれません。そう表現するのは、私たちが1999年5月には別居をし、その数カ月後の7月末には離婚をしたためです。母親と長男、次男の陵平の3人はそのまま新座市内の自宅マンションでの暮らしをつづけ、私は東京の小さなマンションでひとり暮らしをはじめました。

子どもたちと別々の暮らしをはじめるとき、陵平は「どうして?」と悲しそうに私に尋ねました。その寂しそうな声は、いまでも耳を離れません。

「陵平にも、我慢できないことってあるだろ。1回だったら大丈夫だけど、何度もあるとイヤなこと。1週間だったら我慢できるけど、ずっと続くとイヤなこと、あるよね。そんな理由かな。だけどね、これはどっちが悪いとか、そんなことじゃないんだ。もちろん陵平たちに悪いところがあるわけじゃないよ。これからだって、いつでも会えるし、いっしょに遊びに行けるし」

私は精一杯の気持ちを込めてそう伝えました。しかし、愚かしくも私は、悲しい気持ちを表現できた陵平は大丈夫だと思ってしまいました。感情を表現できれば、それを整理していくこともできる。むしろ無反応だった長男が心配だと思っていました。深い傷にならなければいいが。そう思っていました。でも、私は子どもの気持ちをまるで理解できていなかったのでしょう。陵平の生きる力の半分以上を、私は奪っていたのかもしれません。

真夏の登山やオートバイのレース
忘れられない陵平との楽しかった時間

明るく、人なつこく、負けず嫌い。そして、何にでも一所懸命に熱中する。クラスではいつも前から何番目という小さな体に、元気をぎゅっと濃縮してため込んでいるような、陵平はそんな男の子でした。私がオートバイ好きなことから、小学校2年生くらいから子ども用のバイクに乗っていました。いっしょによく練習もしたし、陵平が自分のバイクで、私がスクーターに乗って、オフロードの耐久レースに参加したこともあります。土ぼこりで真っ黒になった顔をくしゃくしゃにして、「おもしろかった！」と声を弾ませていた様子が、いまもありありと思い返されます。16歳になったら運転免許が取れるから、毎年夏の終わりに岩手県で開かれるバイクレース、「イーハトーブトライアル」にいっしょに出よう。それは陵平との固い約束だったのに、幻に終わってしまいました。

オートバイレースに出場した
11 歳の陵平くん

家族全員で3000メートル級の山に出かけることは、私たちの夏の恒例行事でした。1995年の7月、陵平が小学校3年生の夏

登山をする10歳の陵平くん

には北アルプスの北穂高岳を目指しました。上高地を出発して、横尾山荘に一泊。翌日は早起きをして、涸沢《からさわ》に到着したのはお昼頃でした。例年になく残雪が多く、涸沢もそこから北穂高への登山道も、雪で覆われていました。緊張を強いられながら、ようやく北穂高岳にたどり着きました。初めて見るブロッケン、空一面に広がる星空にも、陵平は目を輝かせていました。八ヶ岳、富士山、南アルプス。どんなに厳しい登りが続いても、決して疲れたと言わなかった陵平。わざと大きな荷物を背負って、すれ違う大人たちから「おっ、すごいな!」と声を掛けられると、うれしそうにしていた陵平。

陵平は私に、たとえようもないほどの楽しい時間と思い出を残して、そして去っていきました。

いったい学校で何があったのか
陵平の身に何が起きたのか

陵平がマンションを飛び降りたのは、2000年9月30日のことです。その直前に学校で何が起きていたのか、知ることのできた事実を最初に整理しておきたいと思います。

9月29日、金曜日の昼休み。ひとりの2年生がベランダでお菓子を食べたことを、たまたま近くを通りかかった生徒指導主任が「におい」によって発見しました。陵平のクラス、2年5組では「帰りの会」で担任が「他にお菓子を食べた子はいないか」と聞き取りを行ないました。ここで陵平は、自分も友達からもらって食べたことを自分から担任に伝えています。

他のクラスも含めお菓子を食べた9人が、通常の教室の半分ほどの大きさの「会議室」に呼び出され、2学年の担任と副担任、あわせて12名の教師がその指導に当たりました。「他に食べた子はいないのか」「お菓子の数と食べた生徒の数が合わない」などの聞き取りがすすめられ、名前の挙がった生徒はクラブ活動を中断して会議室に呼ばれ、最終的には21名の生徒が指導を受けました。

午後4時半に始まったこの指導は6時まで続き、この間生徒たちは全員立ち続けていました。指導の最後に宿題として出されたのが「反省文」です。書くべき内容も、教師から指示されています。

「一つ目は、そのお菓子についての事実について書いてくること。二つ目は、他に反省しなくてはいけない点があれば書いてくること。三つ目は、これからどう行動したらいいか、学年の皆に自分から進んで貢献できることを書いてくること」

翌30日は土曜日でしたが、当時は休みではなく授業がありました。陵平以外の20名の生徒は、午前中にお菓子についての指導を再度受けていたそうです。そこでは、今夜、担任が各家庭に電話をすること、その前に自分から親へお菓子の件の話をしておくことなどの指示が出されていました。

しかし陵平は、以前から予定されていたあごの検査のために学校を休んでいます。病院での検査を終え、陵平は昼過ぎに自宅に戻り、放送部で使ったレンタルCDを返しに行ったり、昼寝をしたりしてその日の午後を過ごしていました。その夜、陵平はお気に入りの番組のひとつ「欽ちゃんの仮装大賞」を見ながら、少し遅めの夕食をとりました。その後、兄と見たい番組が違うことからリビングを離れ、もう一台のテレビのある部屋に移動しています。

そして、午後9時10分。陵平にとっては予想もしなかった出来事が起きました。担任から突然に母親へ電話が入ったのです。

「金曜日の指導の中で、ライターをもってきている子がいることが分かった。陵平くんの名前も出ている。まだ本人に確認していないのだが、お母さんから持ってきたかどうか確認してほしい。ライターをもってきた子に関しては、来週親の呼び出しをすることになる。陵平くんのお母さんにも学校に来てもらうことになる」

「うちのクラスには力のあるリーダーがいない。私が女で、今年よそから（転任して）来た教員であるため、うちのクラスには問題のある子どもは入れなかったようだ。でもよそのクラスには、問題のある子がいる代わりに、力のあるリーダーもいる。結果的にクラスは、それなりにまとまりができているが、うちのクラスはなかなかまとまっていけない」

これが、陵平の母親が記憶している会話のすべてです。母親はその後、陵平に担任からの電話の件を伝えました。

「学校でお菓子食べたんだって?」

「うん、ごめんなさい」

「ライターをもっていったの?」

「ごめんなさい」

沈んでいる様子なので、決意表明の件と母親が学校に行くことを伝え、話を終えたといいます。

その後陵平は、テレビのある部屋と自室とを何度か行き来していたと言います。落ち込んでいるときはベッドでじっとしている陵平なので、ショックを受けているようだが、大丈夫だなと思ったそうです。私がその場にいたとしても同じような判断をしたでしょう。母親が陵平に話を終えてから40分後、長男がどすんという大きな音を聞き、母親にそのことを伝えました。母親はとっさに陵平の姿を探し、見あたらないため玄関ドアを開けて外に出ました。10階にある自宅の、通路から下を見ると、そこに、寝転がって空を見上げるような姿勢の陵平の姿がありました。

きちんとした字で書かれた反省文
そして乱れきった字で書かれた遺書

陵平が見ていたテレビの隣には、彼の机があります。その上には、きちんとした字で書かれた反省文が置かれていました。

反省文

2年5組　大貫陵平

ぼくは9月29日に昼休み中に●●君たちとベランダに出て話をしていました。
その時●●君がハイチューを食べていて、
僕も食べたくなってハイチューをもらって食べてしまいました。
今思えば本当にバカな事をしてしまったなと思います。
おかしを食べている人は二学期に入ってから
少し見かけていましたが、1度も注意をしませんでした。
議長で中央委員で部長で班長でみんなにたくさんの仕事をまかされている自分が
注意一つできなくて、ついには自分自身が食べてしまったのが情けないです。
また●●先生が1人1人確認をとっていった時（帰りの会）
全員大丈夫です。と言っていたけどそんなわけないのも
わかっていました。その時なにも言えなかった事を
今ではなにをやっていたんだろうと思います。
本当にすいませんでした。
ライターをもってきたのは僕です
スプレーとかにはつけてはいないけどもって来てしまいました。

反省文

2年5組大貫陵平

NO.

DATE

ぼくは9月29日に昼休み中に[redacted]君たちと
ベランダに出て話をしていました。
その時[redacted]君がハイチューを食べていて
僕も食べたくなってハイチューをもらって食べてしまいました。
今思えば本当にバカな事をしてしまったなと思います。
おかしを食べている人は二学期に入ってから
少し見かけていましたが、1度も注意をしませんでした。
議長で中央委員で部長で班長でみんなに
たくさんの仕事をまかされている自分が
注意一つできなくて、ついには自分自身が
食べてしまったのがなさけないです。
また[redacted]先生が1人1人確認をとっていった時(帰りの会)
全員大丈夫です。と言っていたけどそんなわけないのも
わかっていました。その時なにも言えなかった事を
今ではなにをやっていたんだろうと思います。
本当にすいませんでした。
ライターをもって来たのは僕です
スプレーとかにはつけてはいないけど
もって来てしまいました。
その時はかるはずみ気持ちでした。
別に何をしようとか考えず持ってきました。

今後どのように罪をつぐなうか考えた結果
僕は2－5の教室を放課後できるかぎり
机の整とんとゴミひろいをします。
また合唱祭の練習をたくさんなってみんなをリードして
一所懸命がんばります。
仕事をすすんでやりみんなのクラス、学年の役に立てるよう
がんばります。
これからは自分に注意できるようにします
今回は先生方の貴重な時間たくさん使ってしまって
本当にすいませんでした。
今後ぜったいにこのような事がないように
気をつけて学校生活を送ります。
すいませんでした。

その時はかるはずみ気持ちでした。
別に何をしようとか考えず持ってきました。

今後どのように罪をつぐなうか考えた結果
僕は2—5の教室を放課後できるかぎり
机の整とんとゴミひろいをします。
また合唱祭の練習をたくさんなってみんなをリードして
一所懸命がんばります。
仕事をすすんでやりみんなのクラス、学年の役に立てるよう
がんばります。
これからは自分に注意できるようにします
今回は先生方の貴重な時間をたくさん使ってしまって
本当にすいませんでした。
今後ぜったいにこのような事がないように
気をつけて学校生活を送ります。
すいませんでした。

(個人名以外原文のまま)

そして、床には乱れきった字で書かれた遺書が残されていました。

死にます
ごめんなさい
たくさんバカなことして
もうたえきれません
バカなやつだよ
自爆だよ

じゃあね
ごめんなさい
　　　陵平

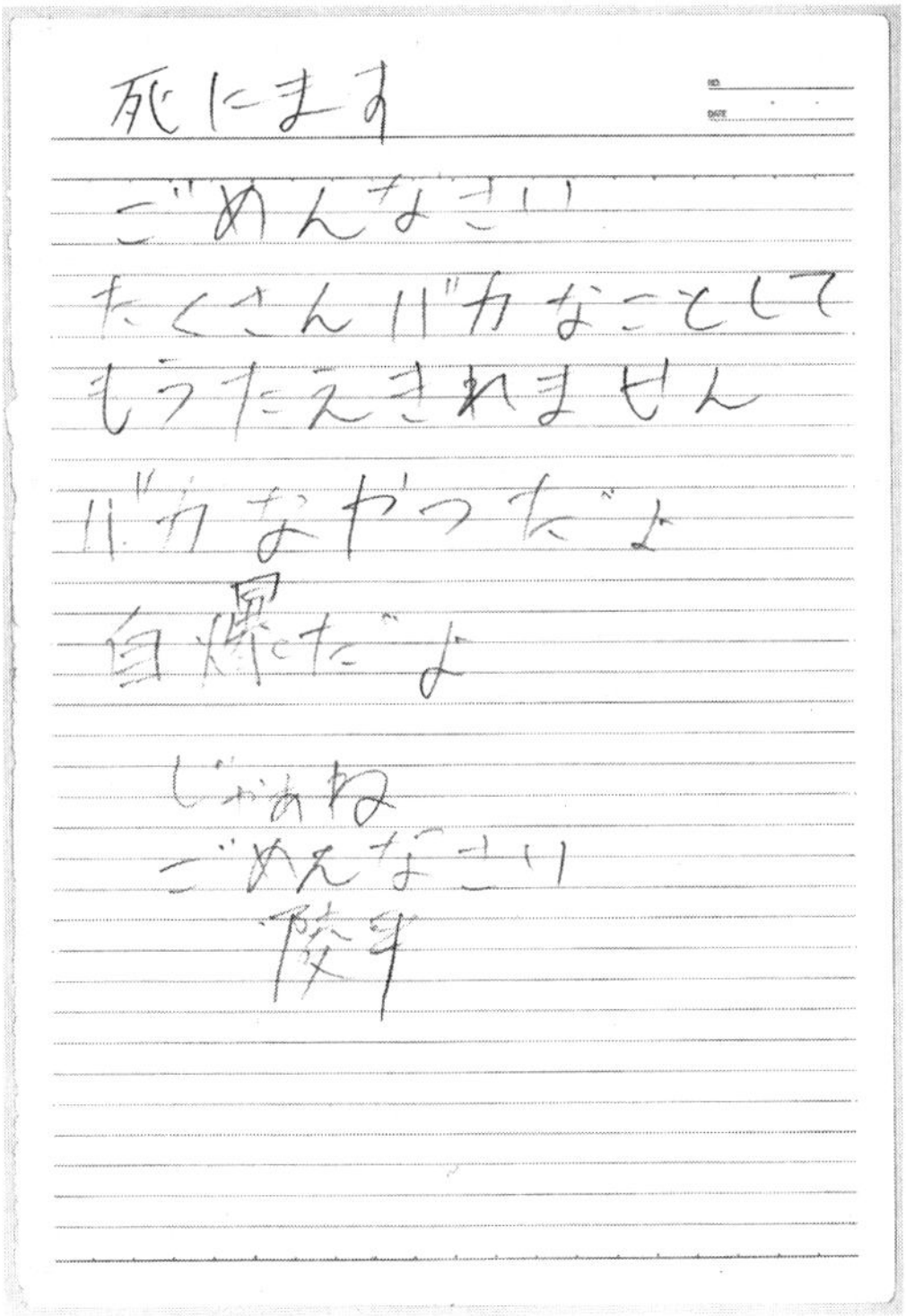
死にます
ごめんなさい
たくさんバカなことして
もうたえきれません
バカなやつだよ
自爆だよ
じゃあね
ごめんなさい
陵平

朝4時に自宅を訪ねてきた新座二中校長
感じ始めた学校の対応への違和感

警察による調書の作成は朝3時近くまでかかりました。陵平の遺体を収めた棺は、マンションのエレベーターに入らないために、葬儀社の安置所にひとまずおかれることになりました。日付の変わった10月1日の朝3時半。ようやくマンションに戻ったところに、新座二中から電話が入りました。これからお伺いしたいという申し出だったのですが、陵平はあと4、5時間しないと家に帰ってこられないので、その後においでいただきたいとお願いしました。

しかし、その30分後に、校長、教頭、担任が訪ねて来たのです。

「あとでおいでくださいとお願いしたじゃないですか」

のどまででかかった言葉をかろうじて飲み込みました。

先生たちには、B5版のノートを破いたものに書かれた「反省文」と「遺書」を見ていただきました。

すると担任は「この反省文、私にいただけないでしょうか?」と言ったのです。

「何を考えているんだ。たとえ、気が動転しているにしても、あまりに常識はずれじゃないか」

この言葉も、飲み込みました。

校長と教頭は朝10時にも再び訪ねてきました。そして、臨時全校集会を開き、生徒に「命の大切さを伝えたい」と言いました。つまり陵平はいのちを大切にしなかったと言っているのか。子どもを失った親の前で、なんと無神経なことを言ってくれるのだろうか。しかもこの校長は、うっすらと笑みさえ浮かべているのです。

「いのちの大切さを、どんな言葉で伝えてくれるのか、失礼ながら事前に教えていただけませんか」と私は申し入れました。校長は下書きを持ってくると約束しましたが、その日の夕方再び訪ねてきたときにも、下書きは用意できていませんでした。

「何を伝えるべきかご両親からお伺いしたい」と言う校長に、私たちはそれぞれに子どもたちへのメッセージを伝えましたが、コンビニエンスストアで買ってきたと思われる、小ぶりなピンク色のメモ帳にメモをとる校長の姿に、不信感を覚えました。

そのため、私と陵平の母親は翌日の10月2日に行なわれた臨時全校集会に参加し、それぞれの思いを生徒たちの前で語りました。

話を終え、壇上から席に戻った私に担任が声をかけてきました。

「学校やクラスで何かあったのでしょうか」

「それは私に聞く質問ではない、それを聞きたいのは私だ」

この学校は、どこかおかしい。次第に私はその思いを強くしていきました。

先生方が指導熱心な
地域で評判の「いい学校」

新座二中は市内でも「いい学校」といわれていました。部活動がさかんで、特にスポーツ関係では埼玉県内でもいい成績を収めています。「先生方が熱心だ」「髪を染めている生徒がいない」「服装が乱れていない」「荒れていない」。そんな理由から学区域を越えて通う生徒もいるほどでした。私自身、陵平のことがあるまでは、いい学校だと思っていました。しかし、その背後では、いい学校であるために、あるいはその評判を守るために極端な管理教育が行なわれていることに、気づいていませんでした。

2学年の学年主任は、こんな言葉で「お菓子の指導」に対する自分の信念を語っています。

「お菓子をなぜこのように指導しているかということですが、学校の中では、例えばお菓子などを持って来てはいけないということになっています。たしかに、ちょっと誰かが持って来ているな、ガムを噛んだ跡があるなということは、学校の中に往々にしてあります。ただし、こういう指導をきちんとしないで、学校生活を送っていくというと、例えばお菓子の包み紙があちらこちらにあるというようなことになります」

「それから普通のお菓子から、パターンとしてガムに移っていく。ガムを例えば廊下に吐き捨てるような行動になってくる。それから極端なことを言うと、授業中にお菓子を食べるような状態になってくる。蔓延して無感覚になってくると、学校生活の基本的な、要するに学校は勉強するところですから、みんなと一緒に前向きに活動するところですから、そういうところの基本的なルールというのが破られてくるということで、お菓子についてはきちんと指導していこうということで、学年ということだけではなくて、学校全体でもそういう指導の流れになっています」

「もう一つは、1学期にもちょっと蔓延したということがありました。でも事実ははっきりわかりませんでした。そのことがあって林間学校でお菓子をどうしようかという話になった時に、生活委員の話の中で、そういうふうにお菓子が蔓延しているのだったら、お菓子なんか持って行かなくてもいいのではないかという話とか、あるいは生活委員としてはお菓子を持っていくことを提案したいとか、でもルールを破ったらどうするのかという話を、1学期の終わりの時に各クラスでしています」

「残念ながらそういう話し合いをしながらも、実際には林間学校の中でもルール違反みたいなものがあったわけなのです。ルール違反があって、そのことについて皆で考えて話し合うということ、これは大事なことだと思います。なおかつ、また2学期に体育祭が終わって、合唱祭に向けてのちょうど狭間のこの時期に、新人戦もまだもうちょっと先だという目標の無いこの時期に、そういうお菓子のようなことが起きて来たということで、このお菓子の指導をきっかけにして、前向きな学校生活に持って行きたいという考えがありました」

私がこの発言を聞いて驚いたのは、その教師がこういった考え方をすっかり信じ込んでいることでした。お菓子を見逃すと、学校が荒れる。だから学校でお菓子を食べないよう徹底する、と。だが、こういった環境に身を置く生徒たちにとって、学校は居心地のいい場所だろうか。自分の考えや感情をのびのびと表現できる場所だろうか。どう好意的に解釈しても、子どもたちの多くが息を詰まらせているとしか思えませんでした。

学校で何があったのか それを聞くまでの30日間の空白

校長は連日、朝に晩に訪ねてきました。線香をあげ、何を話すともなく帰っていきます。陵平が学校でお菓子を食べたいきさつや、金曜日に行なわれた指導の内容を質問しても、何ら具体的な答えは返って来ませんでした。じりじりする気持ちを抑えながら、今日こそは、今日こそはと、質問を繰り返しながら、何も話してもらえないことに不信感を強めていきました。

そして初七日、「いっしょにお菓子を食べた他の生徒に対して何らかの精神的なケアをとっていますか」という質問を投げかけてみました。校長は即座に「いいえ」と答えました。私は、生徒たちが後追い自殺などの危険な状態にあるかもしれないこと、ここに来るよりもその時間を生徒たちのために使ってほしいと申し入れました。その後校長は、訪問を中断しました。

このままでは何の情報も得られないと判断し、焼香に訪れた際に「何でもおっしゃってください」と言っていた教育長に面会を申し入れることにしました。しかし、多忙を理由に会えない、という答えが職員を通じて返ってきました。再度面会を申し入れましたが、これに対しては返事すら返ってきませんでした。

やむを得ず、新座二中校長宛に「事実関係を明らかにしてほしい」とファックスを送りました。10月12日のことです。ところが「ファックスを受け取った」という連絡すらないため催促すると、

「めっきり冷え込む季節となってまいりましたが、大貫様におかれましてはいかがお過ごしでしょうか。またこの度はご丁重なるお便りをいただき有難うございます。

ご依頼の件についてですが、本校にて管理主事訪問、体育授業研究会の開催等がありましたことと併せて昨日、本日と職員関係の葬儀等がありまます関係上、誠に勝手ではございますが、来週ご連絡させていただきたくお願い申し上げます」

何度かやり取りをしましたが、納得できる説明は一切なく、時間稼ぎや引き延ばしの意図がありありと感じられ、このままでは何の進展もないと思いはじめました。繰り返される学校側の心ない対応にくじけそうになりながらも、気持ちを奮い立たせることができたのは、陵平の死を無駄にしたくない、こんなばかげた指導をなくさないといけないという思いからでした。

学校がこれほど閉鎖的なものだとは、想像もしていませんでした。仕方なく、再び教育委員会に何度かの働きかけをしました。それでも教育長とは会うこともできず、市教委、新座二中、そして私たちの話し合いが初めて行なわれたのは、10月31日のことでした。ここで私たちが耳にした話の大半が、10月3日に行われた臨時保護者会で既に報告されていることだったことは、後日明らかになりました。

市民グループ「生命（いのち）の応援団」の誕生

陵平の自死に関する学校側から保護者に対する説明は、10月3日の臨時保護者会で最後となっていました。保護者からのたくさんの質問に対して校長は「調査中である」として、わずか40分で保護者会を打ち切っていました。いったい学校で何が起きたのだろう。そう思っても情報を得ることができない保護者たちに情報を提供できる場を作ろうと、市民グループ「生命（いのち）の応援団」が結成されることになりました。新座二中の保護者有志が手弁当で立ち上げてくれたものです。

11月22日、第1回目の会合が「生命《いのち》の応援団としての大人たち」というタイトルで、新座市の「東ふれあいの家」で開かれました。平日にもかかわらず、60名以上の市内外の参加者で会場はいっぱいになりました。

その場で私たちは、9月29日の学校での指導以降のさまざまな出来事を、記憶の限り具体的に話していきました。陵平の死を報じた新聞やテレビの報道を通じて、この出来事に関心を寄せてくださった方や、新座二中の保護者などから、さかんに質問を受けることとなりました。

多くの方がこの出来事を自分のこととして考え、家庭での子どもとの関係や、学校との関わりに活かそうとしていることに励まされ、力づけられました。陵平はもう帰ってこない。だから少しでも彼の死を役立て、有意義なものにしてほしい。私たちの願いがはじめて形になりました。そしてこのことをきっかけに、マスコミを通じて学校の指導を問う報道もされるようになっていきました。

「生命《いのち》の応援団としての大人たち」は、陵平の自死を軸にしながらも学校教育全体について語り合う広がりを見せ、近隣の学校に勤務する教師や心理学の専門家、フリースクールの主催者などの多彩な参加者を迎えることとなりました。ただ残念ながら、毎回案内を送付しているにもかかわらず、いちばん参加してほしかった新座二中教師も教育委員会のメンバーも、一度も姿を見せることはありませんでした。

5人の議員が陵平の自死を取り上げた
新座市議会一般質問

2000年12月14日、15日の両日、新座市議会の一般質問で5人の議員が陵平の自死を取り上げ、学校側の指導に問題がなかったのかと追及しました。これに対して教育長と学校教育部長は、「指導に問題はない」「生徒を追いつめてはいない」との発言を繰り返しました。

しかしその根拠となっているのは、指導に当たった12名の教師からの聞き取りだけであり、指導を受けた20名の生徒からの聞き取りは行なわれていません。もちろん私たちの意見も反映されていません。このやり取りを傍聴していた私は、深い絶望を感じました。学校にも教育委員会にも自浄作用がない。事なかれ主義と身内への甘さが蔓延していると感じていました。

校長会などで陵平の自死について話し合われていないではないか、との質問に対し教育長は、「10月2日の臨時校長会議において、保護者はプライバシーがあるのでこの問題を教育の材料にしてほしくないとの意向が伝えられたため」と答えました。

「そんなこと一度も言っていない！」

とっさに私は叫んでいました。なぜそんなでたらめを言うのか。陵平の死を活かしてほしい、そのためならどんなところでも、誰に対してでも話をする。そう言い続けてきたのです。

この発言の根拠は、情報公開によって明らかになりました。10月2日の臨時校長会の議事録に、指導課長からの指示・伝達として「保護者はプライバシーがあるのでこのことを教育の材料としてほしくはないとの意向がありますので、配慮をお願いします」と書かれていたからです。公文書に記載された虚偽。隠蔽のためなら、学校も教育委員会も何でもする、ということにショックを受けました。

この一般質問をきっかけとしてTBSによる報道が3日間にわたって行なわれ、それが次の大きな波紋を呼ぶこととなりました。

PTA合同委員会でのバッシング

12月19日、新座二中では各学年のPTA役員や校長を含む学校関係者が意見交換をする合同委員会が開かれ、陵平の母親も広報委員として出席しました。冒頭、PTA会長からは次のような発言がありました。

「皆さんもご覧になったかと思います。また、まだ一度もテレビをご覧になっていない方は、これからビデオを見ていただきたいと思います。今、新聞報道、マスメディアに対しては、PTAとして『断固許さない』という気持ちでおります。今まで30周年という長い歴史の上にはいろいろなことがたしかにございました。ですけれども、本当にここ数年はどこの学校からも『二中は素晴らしい』『本当に保護者が頑張ってやっている』、また『校長先生をはじめ教職員の方が本当に生徒指導に情熱を注いで頑張ってくださっている』というご意見をここ何年間聞いております」

「そういうことをふまえまして、2点申し上げたいと思います。1点は、PTAといたしましては、今まで同様、いささかも揺らぐことなく、学校を全面的に信頼して参りたいと思います。また、保護者の皆さんも賢く、聡明になっていただきまして、それこそマスメディアに捏造されたものは、一体なんなのか？　これから後1週間ちょっとで、まさに21世紀の黄金の扉が開く時代です。その時に、これは正しいのか？　正しくないのか？　それが分からないような保護者であっては、私はいけないと思っております」

「これから冬休みに入って参ります。そして、また新しい学期、新しい年度になります。これからもPTAが学校と一枚岩になって、子どもを全力で守っていきたい、このように思っております。今日は短時間になるかとは思いますけれども、貴重なご意見を承りながら、皆さんで実りある会合にしていきたいと思いますので、どうぞよろしくお願い申し上げます」

あるPTA委員からはこんな発言もありました。

「まず、第一に申し上げたいのは、この二中はこの辺では本当に誇れるくらいにいい学校だと思います。（拍手）このことにつきまして学校がとった処置は正しいと思います。（拍手）毅然としていただきたいと思います。何で、マスコミにこんな報道が流れたのか。全国放送垂れ流しです。私は本当に頭にくるのです。ご自分たちの問題でしょう。どうして、子どもたちまで巻き込まなくちゃいけないんでしょうか？」

その後も他の委員から「大貫はなぜマスコミを使うのか」「なぜここで、もうマスコミは使わないと宣言しないのか」などの批判が集中しました。校長は、こうした発言を抑止しないばかりか同様の文脈に乗って、

「現在の710名の学習権を保障しなければならないこと、放送されることによる生徒・保護者の動揺や波及効果などについてをTBSに説明し、放送を中止してもらいたいとお願いしましたが、すでに決まったことだということの一点張りでした」

と発言しています。

確かに私たちは取材に応じていました。ただ、事実と異なることは何一つ話していません。それが、マスコミを「使う」ことなのでしょうか。

陵平の母親はこの後約1カ月間、精神的ショックから立ち直れずにいました。

この頃私たちは、問題解決のために何らかの法的手段が必要なのではないかと考え、弁護士との相談をはじめていました。しかし、訴訟であれ、弁護士を介しての市側との交渉であれ、その前提

として事実確認を進める必要がありました。学校側から情報が得られないとなると、残る方法は、陵平の同級生から話を聞くしかありません。弁護士からはとにかく生徒と会える段取りをつけてください、と言われていました。そうすれば後は何とかしますから、とも。

ただ、私たちに協力したと分かれば、その生徒にどんな被害がもたらされるかは分かりません。地域の圧力は、それほど大きなものだったのです。私たちはついに、断念しました。学校と教育委員会は隠蔽をやり遂げ、生徒を追いつめる指導方法を変えることはありませんでした。

学校を、子どもが安心して通える場所にすること。それは、陵平が私に残した大きな宿題だと思っています。難しい宿題です。そして、やり遂げなければいけない宿題です。「指導死」をなくす活動は、今ようやくスタートラインにたったばかりです。

試験中に答案を見せたことで自宅謹慎に——西尾　裕美

西尾　健司（高校1年生・16歳／兵庫県）

2002年3月23日、午前2時5分。自宅近くの13階建てマンション屋上から飛び降りる。

（すべて実名）

「君は教師も両親も裏切った。人を裏切ることがどんなにひどいことかわかっているのか？」

「1年に2度も処分を受けるなんて我が校始まって以来の不祥事だ。今度何かあったら、学校を辞めてもらう」

2度目の無期自宅謹慎処分を言い渡された日の夜半過ぎ、自宅を抜け出した健司は、親友が住む13階建てのマンションの屋上から飛び降りました。

安置室の冷たい扉を開けて中に連れて行かれると、そこには物言わぬ健司が真っ白な布団に横たわっていました。確かに健司です。寝ているようでした。でも、いつもとは少し違う顔でした。

「けんじ！　けんじ！　けんじ！」何度叫んでも起きてくれませんでした。

◆高校1年の2学期末試験の最終日、採点していた教師からカンニングへの協力が疑われるとして、健司が学校に呼び出される。
◆母親も学校へ呼び出され、校長室で健司とともに4人の教師から叱責を受ける。
◆カンニングへの協力を認めた健司は自宅謹慎処分に。
◆7日間の謹慎中は毎日、反省文を書くことが義務づけられ、1〜2人の教師の家庭訪問を受けた。
◆謹慎が解かれた日、全教員への謝罪と春休みまでの約3カ月間、日記提出が義務づけられる。
◆終業式の前日、日記を新学期まで続けることを言い渡される。
◆3学期の終業式後、トイレでの喫煙が見つかる。
◆帰宅していた健司と母親が学校に呼び出され、叱責の後、無期自宅謹慎を告げられる。
◆深夜、自宅近くにある、友達が住むマンションの屋上から飛び降りる。

友達のカンニングに協力し

7日間の自宅謹慎

2学期の期末試験が終わった2001年12月13日の昼過ぎ、担任の青木俊也先生から自宅に電話がありました。「全教科の答案用紙を持って学校に来てください」とのことでした。わけの分からないまま、既に採点が終わり返却されていた答案用紙をすべて持って、雨の降る中、健司は学校へと向かいました。しばらくして再度電話があり、「健司くんがカンニングに協力したので、お母さん、今から学校の方へ来ていただけますか」と言われました。廊下で健司と二人で待たされた後、二人で校長室に入ると、大きな机の向こう側に小室烈生校長、小南誠生徒指導部長、桑野英明学年部長、青木先生の4人がいました。私は椅子に座ることを勧められましたが、健司は立ったままで学年、組、名前を言うよう指示されました。「1年1組13番、西尾健司です」。

試験は4日間行われるので、早い日程で終わった化学の採点をしていた先生が似た答案があることに気づき、他の教科も調べたところ複数の教科で同様のことが見られ、不正を疑ったというのです。後で健司から聞いた話によると、私が学校に着く前に健司は、「答案を見せてほしい」と健司に頼んだ友達Kくんと、それぞれ別の部屋で事情聴取を受け、「Kくんはカンニングを認めた」との先生の言葉から、自分が答案を見せたことを認めたそうです。

校長をはじめとした4人の先生から相次いで注意を受けた後、自宅謹慎が言い渡されました。兵庫県立伊丹高校では、あらかじめ謹慎期間が言い渡されることはなく、反省の度合いで判断されるようでした。窃盗、万引き、カンニング、喫煙、暴行行為、原付自転車免許取得や走行、アルバイト発覚が自宅謹慎の対象となります。この時、Kくんも自宅謹慎処分を受けています。一切の外出、友達との電話も訪問も禁止、テレビを見ることもダメ、ゲームもしてはいけないと言われました。その日からB４用紙1枚の「生活の記録」に、その日の行動記録と、今回のことに対する反省文を毎日書くことも義務づけられました。

２００１年12月13日の記録には、先生たちの話を聞き、自分がしたことはKくんを助けることではなく能力や可能性を潰してしまったこと、最初に「見せて」と頼まれた時にことわることが本当の友達としてしなければならなかったことだ、と書いています。

1日1回、日によっては2回、担任をはじめ、生徒指導や学年の先生が家庭訪問に訪れ、15分から30分話をしていました。先生は、家に入るとまっすぐ健司の部屋に向かい、私も最初だけ同席しましたが、「伝統ある伊丹高校始まって以来の不祥事だ」「職員室は衝撃で大きく揺らいでいる」と言われました。「カンニングでそこまで言われなあかんの？」

Ｖサインをする健司くん（15 歳の頃）

と疑問に思うくらい、強い口調で叱る先生もいて、反感を覚えました。

7日目の2001年12月19日、自宅謹慎は解かれましたが、学校のすべての教師の元に行き謝罪すること、言われた言葉をノートに書いて提出すること、そして3学期が終わるまで約3カ月間、毎日日記を書き、翌日に提出し続けることを言い渡されました。

健司は日記用にB5の大学ノートを準備し、1ページ目に校長をはじめ、6人の先生の名前と謝罪に行った時に言われた言葉、そして「全員ががんばれと言ってくれたので、その気持ちを裏切らないようにがんばりたいと思います」と、自分の気持ちを書いていています。22日から冬休みが始まりましたが、1日に1ページの半分ほど、反省や自分の気持ち、その日の勉強内容などを書いています。

2002年1月8日、3学期が始まり、担任の青木先生に日記を提出すると、「心機一転、簡単な目標からスタート。積み重ねていこう。冬休みの日記は（花丸）です」という励ましの言葉の後に、「P.S　まだ行けてない先生へ、早めに行くこと」と赤ペンが入りました。

友達に答案を見せたことで自宅謹慎処分を受け、その後ずっと反省文を書き続けたことに加え、8教科が0点になってしまったために、2学期末の成績はさんざんなものでした。理数系の教科が得意で、高校に入った頃、「難しくなってきたから、数学や化学の勉強がおもしろくなってきた」と楽しそうに話す姿を見て、高校生らしく頼もしくなったなあ、と成長を喜んでいた矢先のことです。2年生に進級できるかどうかは、授業態度を改め、きちんと宿題をするなど、3学期の自分

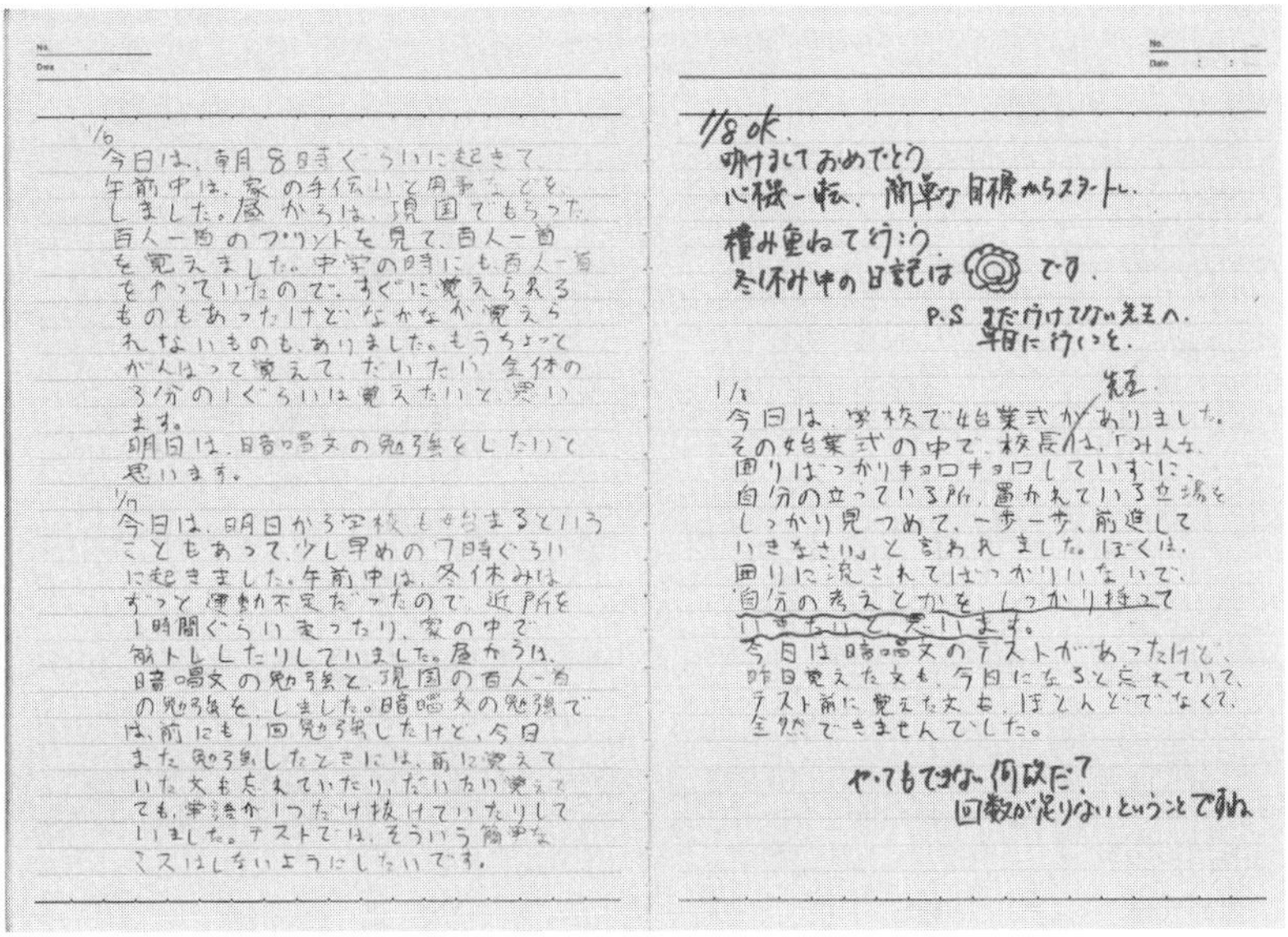

1/6
今日は、朝8時ぐらいに起きて、午前中は、家の手伝いと用事などをしました。昼からは、現国でもらった百人一首のプリントを見て、百人一首を覚えました。中学の時にも百人一首をやっていたので、すぐに覚えられるものもあったけどなかなか覚えられないものも、ありました。もうちょっとがんばって覚えて、だいたい全体の3分の1ぐらいは覚えたいと思います。
明日は、暗唱文の勉強をしたいと思います。

1/7
今日は、明日から学校も始まるということもあって、少し早めの7時ぐらいに起きました。午前中は、冬休みはずっと運動不足だったので近所を1時間ぐらい走ったり、家の中で筋トレしたりしていました。昼からは、暗唱文の勉強と、現国の百人一首の勉強をしました。暗唱文の勉強では、前にも1回勉強したけど、今日また勉強したときには、前に覚えていた文も忘れていたり、だいたい覚えてても、単語が1つだけ抜けていたりしていました。テストでは、そういう簡単なミスはしないようにしたいです。

1/8 OK.
明けましておめでとう
心機一転、簡単な目標からスタートし、
積み重ねて行こう。
冬休み中の日記は◎です。
P.S まだ行けてない先生へ。
早目に行くこと。

1/8
今日は、学校で始業式がありました。その始業式の中で、校長先生は、「みんな、周りばっかりキョロキョロしていずに、自分の立っている所、置かれている立場をしっかり見つめて、一歩一歩、前進していきなさい」と言われました。ぼくは、周りに流されてばっかりいないで、自分の考えとかを、しっかり持っていきたいと思います。
今日は暗唱文のテストがあったけど、昨日覚えた文も、今日になると忘れていて、テスト前に覚えた文も、ほとんどでなくて、全然できませんでした。

やってもできない何故だ？
回数が足りないということですね

3カ月間、健司くんが毎日書き続けた日記

の態度と成績にかかっているということを健司も強く自覚していたようです。そのプレッシャーからか、次第に健司らしくないイライラした様子を見せたり、仲のいい弟にまで八つ当たりする場面も見られるようになりました。

1月の終わり頃、自宅2階のベランダで物思いにふけるように夜空を見上げながら、タバコを吸う姿を見かけました。注意しようかとも思いましたが、高校生にもなり分別もあると考え、「火事にならないように気をつけて。友達を誘ったり、他の人に迷惑をかけるようなことはしないでよ」と言い聞かせ、黙認していました。

終業式の日、喫煙が見つかり無期自宅謹慎に

3月はじめに学年末試験があり、それまで頑張った成果が出たのか、結果はまずまずだったようです。

3月13日の校内球技大会では、バレーボール部のメンバーと一緒に男女混合バレーに出場し、セッターとして活躍。帰宅してから5時間も昼寝をするほど、楽しくも、力を使い切り、充実した時間だったようです。その後、学校では大掃除があり、2年生で使う教科書を買うなど、春休みに向けた準備が進み、健司にとっては長い間続いた日記が終わることも楽しみだったようです。しかし、終業式の前日、「日記がやっと今日で終わると思ってたのに、春休みも書かなあかんねんて」と嫌そうに話していました。日記には青木先生が「次回4／8が最終提出日とします」と書いています。

２００2年3月22日は終業式でした。昼頃、担任の青木先生から「健司くんがトイレで喫煙しているところを発見されたので、今すぐ学校に来ていただけますか」との電話がありました。でもその日は次男が高校に合格し、その手続きのために一度家を出なければならなかったので、昼食の用意をして次男の高校に行き、3時頃に帰宅。その間に、健司は自宅に戻っていました。4時頃にまた青木先生から電話があったので、健司と自転車を連ねて伊丹高校に行きました。

校長室に入ると前回と同様、小室校長、小南生徒指導部長、桑野学年部長、青木先生の4人が並んで座っていて、健司はまたも立たされたまま、「1年1組13番西尾健司です」と直立不動で言わされました、その軍隊のような高圧的なやり方に違和感を覚えました。

重苦しい雰囲気の中で、前回とはまるで違う厳しい言葉が次々に投げかけられました。「君は教師も両親も裏切った。人を裏切ることがどんなにひどいことかわかっているのか?」「この学校へ君は何をしに来たんだ。少しぐらい頭が良くたって、それが何になるんだ」「1年に2度も処分を受けるなんて我が校始まって以来の不祥事だ。今度何かあったら、学校を辞めてもらう」とまで言われました。あまりの厳しい言われように私がつい涙ぐむと、健司にはそれがこたえたのか、後ろですすり泣く音が聞こえました。この時の私の涙が逆に健司を苦しめたのではないかと、今もずっと悔やんでいます。そして、校長先生からは、無期自宅謹慎処分を言い渡されました。

校長室を出る時、担任の先生から私が呼び止められ、携帯電話を預かっておくように言われました。健司は先に帰りました。ふと、8日後に家族と、健司の親友も一緒に北海道にスキー旅行に行くことを思い出しました。行ってもいいか、担任に聞いてみると、「西尾くんが悪いのだから、楽しいことはダメです」。「自分のせいで他の人に迷惑がかかることに強く責任を感じる子どもなので、万一のことが心配です。何とかなりませんか」と詰め寄ったところ、「校長と相談の結果、8日の間に反省がきちんとできていれば、今キャンセルしていただかなくても結構です」とのことでした。翌日から友達と一緒に行く予定の引っ越し業者のアルバイトも行けなくなり、家に帰ってすぐに、そのことを友達に電話で知らせていました。

午後6時半頃、健司を心配して、Kくんが来てくれました。二人は家の外に出て、しばらく話をしていました。7時頃には家に入り、姉、弟と3人で楽しそうに夕食を食べていました。青木先生から電話があり、何の用件だったかは忘れましたが、翌日のお彼岸の中日にお墓参りに行ってもいいか、と確認しました。健司は祖母のお墓参りで私の実家へ行き、仲良しのいとこたちと遊ぶことをいつも楽しみにしていました。「お墓参りだけして、すぐに帰ってくるのだったら」という答えを健司に伝えると、遊べないことがとても残念そうでした。そして、自分のせいで家族や友達にも迷惑をかけたことを申し訳なく思ったのか、ひどく落ち込んだ様子でした。８時半頃、健司の部屋に入ってたわいのない話をしたのが最後の会話となりました。

深夜、友達が住むマンションに行き屋上から飛び降りた

午後9時頃、中学校時代から仲がいい富永圭一くんと大石くんが心配して来てくれました。近くの公園でサッカーをして遊んでいましたが、ボールが川にはまって取れなくなったからと、11時前に帰宅しました。その帰り道、「俺、スキーには行けなくなってん。俺が行けんでも、圭ちゃんだけでも行ってな」と言うと「何でやねん。健司が行けんかったら、意味ないやん」という話をしたそうです。その後は、姉弟と話をしながら一緒にテレビを見て、仲のよかった友達とメールをやりとりしていました。

２００2年3月23日の深夜1時頃、起きていた長女は玄関の扉が開く音に気づきましたが、父親が帰って来たのだと思いました。午前2時30分、熟睡していた私は長女に起こされました。

「お母さん！　起きて！　健司が飛び降り自殺したって！」

驚いて飛び起き、健司の部屋に行くと寝ているはずの健司の姿がありません。「え？　どうして？　何で健司がいないの？」

混乱する私の代わりに長女が電話で警察とやりとりをしてくれて、長女が運転する車に乗って伊丹警察署に向かいました。警察官に案内され、安置室の冷たい扉を開けて中に連れて行かれると、そこには物言わぬ健司が真っ白な布団に横たわっていました。確かに健司です。寝ているようでした。でも、いつもとは少し違う顔でした。

「けんじ！　けんじ！　けんじ！」

何度叫んでも起きてくれません。

午前2時頃、健司は自転車で3分ほどの距離にある、親友が住む13階建てマンションの屋上（高さ約40メートル）から飛び降りました。2時5分ごろ、住民が倒れている健司を見つけて119番に通報。全身を強打して亡くなっていました。校長室で指導を受けてから9時間後のことです。

誠意が感じられない先生たちの対応

その日の夕方、小室校長、教頭、桑野学年主任、青木先生が家に来られました。寝ている健司にお線香をあげた小室校長は「健司くんを特別きつく怒ったということはなく、今までと何らかわりなく注意したままで。喫煙ぐらいなら3日ぐらいの処分でと考えていましたのに…」とおっしゃいました。それなら、なぜ無期停学を言い渡したのでしょう？　校長室で激しい怒りの言葉を向けた先生たちの本心とは、到底思えません。

3月24日はお通夜、25日は告別式でした。健司につらい思いをさせた先生方は、まるで一般の方のように淡々と焼香し、後ろの方の席に座っていました。小・中学校からの健司の親友たちも駆けつけてくれたのですが、私が前の席を空けて待っていたのに、なかなか前に来てくれません。後で聞くと、「伊丹高校の先生に、前の席に行くなと止められていた」というのです。健司は大好きな富永くんが来てくれるのをずっと待っていたはずです。それなのに、伊丹高校の行事でも何でもないのに、学校の先生が余計な口出しをして、健司の友達の行動を規制するなど信じられません。ここでも健司の気持ちを大切に考えない先生たちの姿勢に愕然としました。

告別式の後、夫と一緒に挨拶とお礼をしに高校へ行くと、廊下で教頭先生に会いました。「本日はありがとうございました」と頭を下げた私たちに、「いやあ、思ったよりたくさんの生徒が来て驚きましたな！」と言われました。その時は、考える余裕もありませんでしたが、後になって振り返ると、まるで他人事のような誠意のない言葉で、「なんであんなこと言えるん？」と、とても不愉快になり、怒りさえ感じました。野球部には半年、お世話になっただけでしたが、みなさんが来てくださったのでお礼を言いたくてグラウンドに行きました。しかし、顧問の先生は友達一人を呼んでくださっただけでした。ここでも軽くあしらわれたようでとても寂しく思いました。

２００２年４月26日の三十五日の法要には友達がたくさん来てくれました。その頃の私は、健司の小さい頃からの写真やビデオを繰り返し見ていました。そのこともあり、法要に来てくれた友達にも健司のビデオを見てもらいました。みんなが知らない年齢の健司の姿を見てほしくて、そして小さい時から高校1年までの健司の16年をまるごと知り、どうしてこんなことになったのか、一緒に考えてほしかったのです。

三十五日の法要には、4月の異動で着任した白井博之校長と西田佳治教頭が来てくださいました。西尾家の跡取りを突然失い、悲しみにくれていた祖父がいてもたってもいられず、「話を聞いてください！」と二人にお願いしました。でも、二人は無言でお線香を上げ、ひと言の断りもなく、すぐに帰って行きました。人のことをいつも思いやり、成績もよくて自慢の孫だった健司を失った高齢の祖父は落胆し、泣き崩れていました。その様子を見て、嫁として本当につらかったです。

この日も、中学時代の友達、伊丹高校の友達がたくさんお参りに来てくれて、10人ほどが遅くまで残り、健司の写真の前でいろいろな話をしてくれました。ありがたいことです。

そこに青木先生が訪れました。子どもたちは「先生と話がしたい」とみんなで取り囲み、一人ずつ思っていたことをぶつけました。先生に対する憤りが限界に来ていたのです。

初めは冷静な話し合いでしたが、いつまでも教師の姿勢を崩すことなく、冷たいと感じるほど冷静に話す先生の態度に、健司のことを深く思ってくれる子ほど怒りが込み上げて震え、泣き崩れました。「先生、何で笑ってられるん？　いつも薄ら笑いやん！」という友達。家族ぐるみでお付き合いのあった主人の友達は思い余って、「健司がどんな気持ちで屋上に立ったか、考えたことあるんか！　謝れ！」と言いました。それに対して青木先生は、「亡くなった後の自分の態度が悪く、不快感を与えてしまったこと、お詫びいたします。申し訳ありませんでした」と言ってくださいました。でも、大勢で囲み、無理に口にしていただいたことはかえって、申し訳なくも思いました。

翌日、小室前校長がお参りに来てくださいました。最愛の息子を亡くしたこと、ほんとうにいなくなったことを実感させられていた、一番苦しかった時期の私達夫婦に対して「先日最後の校長会で、他校の校長に『最後にえらい目に遭ったなあ』と言われました」と言うのです。あまりにもひどい言葉で、忘れることができません。私たちに言うことでしょうか？

その後も月命日前後には毎月お参りに来てくださっていましたが、義務感だけで来られている感じがして、私はだんだん会うことがつらくなっていました。新聞社の取材に対しても「指導と自殺とは関係がない」と言い切り、全く反省をしていない不愉快な態度だったと聞いていたのですが、その本心が伝わるようになってきたのです。7月22日には、ついに「規則に反した生徒にそれまでと変わりなく接したまで」というお考えは変わらないようですし、心からの誠意が感じられないので、お会いする度、つらくなります。失礼ですが、もう来ていただかないでもらえますでしょうか」と思い切って言うと、「はい、わかりました」。たったこのひと言で、帰られました。私は唖然とし、失望し、そして「やっぱり」と思いました。これが、健司に「伝統ある県立伊丹高校の生徒」という重荷を負わせ、厳しく叱って処罰を与えた学校の最高責任者が私たちに示してくださった〝誠意〟だったのです。

思春期の少年の思いや、プライドを理解することなく、子どもの成長を見守る姿勢もなく、ただ規則を守り、規律を正すことを目標としただけの、教育者だったのです。

どんな子だったか、記しておきたくて書いた本

健司が会った人たちに健司のことを忘れてほしくない、健司がどんな子だったのか、そしてどんなことがあって死を選んだのかを記しておきたい気持ちが強くなり、亡くなって半年くらいから本を作りたいと思い始めました。文章を書くことはけっして得意ではありません。でも、健司の高校の友達、中学校の友達に、幼稚園の頃からの健司を全部知ってほしかったのです。そのうえで、健司がどうして命を絶つことになったのか、考えてみてほしかったのです。これだけは母親としてやりたいと思いました。小さな印刷所をやっている旧友に本を作りたいと頼むと「本を書くなら手書きじゃダメだよ」と言われ、使ったことのないパソコンも覚えて、相談しながら1冊にまとめてもらいました。小さかった頃からの成長する姿の写真を添え、学校での様子、仲良しの友達と楽しく遊ぶヤンチャな姿を書いた本『健司』は、一周忌の直前に完成しました。

一周忌にお参りに来てくださったのは白井校長、西田教頭、小南生徒指導部長の3人だけでした。「何かしら健司の話をお聞かせいただきたいので、家にも来ていただけませんか」と事前にお願いしていましたが、他の先生には来ていただけませんでした。担任の青木先生は風邪をひかれたとのことで来てくださらず、お悔やみの電話ひとつないまま、大切な一周忌はあっけなく終わってしまいました。青木先生から数日後、「お参りさせてほしい」との電話をいただき、迷った末に来ていただきましたが、やはり心のこもったお話を伺うことはできませんでした。

残された家族は、心の痛みと、健司を守れなかった後悔を抱え、自分も健司を苦しめたことがあったのではないかとあれこれ思い出しながら、みんなぎりぎりのところで生きていました。学校にある健司の写真、健司の書いたものなど、どんなつまらないものでも私たちにとってはかけがえのない宝物なので捜して持ってきていただきたい、とお願いしていました。しかし、ずっと後回しにされ、催促の電話をかけるまで、ないがしろにされていました。謹慎中に書いた「生活の記録」も、こちらからお願いしなければ学校に置かれていたのかもしれません。

1年半が過ぎた2004年9月。お盆に、先生方にはお参りしていただけず、「学校にとってはもうすっかり終わったことなんだ」と思い知らされ、深い悲しみに襲われました。結局、PTAの総会、説明会は一度も開かれることはありませんでした。PTA役員の方には、実際にあった話を親の口から直接お話しさせていただきたいと思い、家に来ていただけるようお願いしましたが、とうとう一度も来てくださいませんでした。

健司と一緒にカンニングで指導を受けたKくんは、深いショックと後悔、健司と私たちへの申し訳ない気持ちを抱え、本当に苦しみ続けていたことだと思いますが、頑張って学校に通い続けていました。それなのに、担任の先生は「まだ西尾のこと、引きずってるのか?」と言ったと聞きました。言葉を失います。Kくんだってぎりぎりいっぱいのところで生きているのかもしれないのに、あまりにも危機管理能力がなく、生徒の気持ちに無頓着過ぎます。

三回忌と卒業式の日も無念な気持ちに

2004年3月22日、三回忌。事前に西田教頭からお参りしたいとの電話をいただきましたが、正直なところ、高校に対して失望し、ダメージを受けていたので、「取り繕って建て前で来ていただいてもよけい辛くなりますし、健司も喜ばないと思うので、遠慮させていただきます」と申し上げました。すると再度、電話があり、「個人として、ぜひお参りさせてほしい」という言葉に誠意が感じられたので、来ていただきました。白井校長、西田教頭、小南生徒指導部長、青木先生は、大きな花籠とお菓子を供え、丁寧に仏壇に手を合わせてくださいました。学校としてお供えを持参してはいけないという決まりでもあるのか、お供え物をいただいたのは、この時が初めてでした。

この時、私はそれまでの思いを口にせずにいられませんでした。

「健司がどんな生徒で、何をして、それに対してどんな指導をし、その指導が健司をどう悩ませ、最後の日にどんなことがあって自殺したのか。指導が適切だったかどうか、二度とこんな悲劇を繰り返さないために何を見直したらいいのか。そういった説明や担任としての訴えは無かったと聞きましたが、それはおかしくないですか。尊い、かけがえのない命がこんなに無下にされて、私、ほんまに悔しい!」

先生方はもっともだと言ってくださり、翌日の職員会議では校長先生がこの2年間のこと、そして私の言葉を伝えてくださり、青木先生も経緯などを説明してくださったそうです。誠意をもって対応してくださったことで納得し、健司の命と、非難を浴びながらも私が続けてきた訴えが生かされ、これからの子どもたちのためになってくれたらと願うばかりです。

この時、青木先生は健司に向けて書いた「反省ノート」を持ってきてくださいました。この年、青木先生は健司のひとつ下の学年を担任していました。健司が学校でどんな子どもだったかを一番良く知っている担任の青木先生に、自分の指導がどうだったかを考えてほしかったので、健司に関するエピソードや、どんなやりとりがあったかを書いてくれるよう私がお願いしたのです。本『健司』を読んでから書いてくださったようです。

文化祭ではクラスでたこ焼きの屋台を出すことになり、焼き方、具材の入れ具合、たこ焼きを返すタイミングなど綿密に試作を繰り返し、当日は他の出し物を見学する暇もなく、最後まで中心となって焼き続けていたこと。体育の先生らしく、柔道の授業で覚える技が難しくなればなるほど意欲的に取り組んでいた様子や、球技大会でバレーボールのセッターとして活躍し、チームの精神的な支えにもなっていたことなど、私が見ることのできなかった健司の姿を書いてくださいました。

そして、健司との楽しい思い出を振り返ると同時に、「家庭訪問や面談の中で、いかに健司くんの心を苦しめたかを考えるとぞっとします」と、指導のあり方も考えてくださったようです。でも、口頭や文字で謝ることはいくらでもできます。この頃の青木先生はまだ、健司の死をきっかけに「変えていこう」という思いで行動しているようには見えませんでした。

２００５年2月27日は、健司の学年が卒業する日でした。白井校長は卒業式で挨拶の最後に健司のことに触れてくださいましたが、本当に残念でたまらない、という思いは感じられず、まるで防ぎようのない事故で亡くなったような言い方に、改めて無念な気持ちでいっぱいになりました。生徒指導部長の小南先生がずっと私の側にいてくださったので、健司の母であることはわかったはずなのに、声を掛け、丁寧に頭を下げてくださった先生は教頭先生の他は、二人に過ぎませんでした。命の尊さ、人の心を教え、育むべき学校の現実はあまりに冷たく、心底失望し、打ちのめされました。兵庫県内のある教育関係者が伊丹高校に電話をかけ「西尾健司くんの自殺に関して、学校としてはどうお考えですか」と聞いたところ、対応した教師は「西尾くんの自殺は、我が校の指導とは何の関係もありません」と答えたそうです。

子どもは間違いを繰り返しながら成長するという視点で生徒指導の方法を変えた先生たち

とはいえ、伊丹高校の生徒指導の方法は少しずつですが改善されました。小南先生が指導方法を見直し、私たちの気持ちに寄り添い、学校や教育委員会などにも掛け合ってくださったからです。告別式から1週間ほどたった頃、小南先生がひとりで家にいらっしゃいました。たまたま夫の友人で、神戸の高校の教師で長年生徒指導を担当している方がいらしていて、生活の記録などを見せながら伊丹高校の生徒指導の状況を私が説明した直後だったので、小南先生の訪問に同席してもらったところ、その友人はこう言いました。「こんな大昔の指導方法を今も続けているのか？　自分も昔は同じようなことをしていたが、とっくにやめている」。その言葉が、小南先生には強く響いたようです。「目からウロコだった」と後で話してくださいました。

それから、小南先生は「生徒たちは間違いを繰り返しながら成長する」という視点で生徒指導のあり方を真剣に考えてくださいました。校長室に呼び出した際は生徒も座らせてリラックスできるよう配慮し、謹慎についても無期限の謹慎を止め、1週間以内に日数を短縮。そして最も大きいのは、「生徒は一度注意されるときちんと反省している」という観点で指導が重複しないようにしたことです。子どもは間違いを繰り返しながら成長するのだから、「3回処分されたら退学」というのはおかしいとして、規則を変えたそうです。

小南先生が変えようとすることに対して、「それでは指導できない」「何回、規則を破ってもいいとなるとナメられる」など、先生方の反発は小さくなかったようです。そんな中で、県教委の生徒指導部長会議でも健司のことを説明し、県としての改革にも取り組んでくださいました。小南先生がKくんに心を配り、卒業まで見守り導いてくださいました。健司の死によってKくんの人生を狂わせてしまうことを、何よりも心苦しく思っていましたので、私にとってありがたいことでした。

この原稿をまとめるにあたり、改めて小南先生と電話でお話しました。小南先生は毎年の命日と夏休みにお参りしてくださるのですが、今回初めて教えていただいたことがあります。生徒指導のあり方を変えようと思ったことについて、こうおっしゃいました。

「自分はそれまでと同じように指導したまでだけれど、健司くんが亡くなってしまった後は、怖くて同じ指導をすることはできなかった。お母さんが言われることはもっともだと思ったし、変えていくことしか考えられなかった」

実は白井校長と小南先生は以前、他校で一緒に勤務していて信頼関係があり、小南先生の生徒指導の変革に校長も理解を示してくれたそうです。そして当時の県教育委員会の生徒指導課長の考え方もまったく同じで、「学校にとって都合の悪いことを隠すな。隠ぺいすることが事故につながる」と言って、小南先生を後押ししてくれたとのこと。「指導とは生徒と向き合い、対決するものではない。生徒と同じ方向を向きながら、正しい方向へ導いていくものだ。教師は、規則についてきちんと説明する責任がある」とも言われ、いつも納得できる話をしてくれたそうです。

左から小南先生、青木先生、西尾裕美さん

「でも、お母さんの訴えがなければ、動かなかったかもしれない」ともおっしゃいました。「健司くんを亡くして、自分ができることは何かと考えた時、命を返せと言われたらできないけれど、お母さんが求める『指導方法を考えて』という訴えは納得できる。だから、自分がやれることをやってきた。そうすることでお母さんが納得してもらえるならと思い、やってきました」

先生たちの奇跡的な巡り合わせ、そして生徒に真摯に向き合おうとする先生方の熱意のおかげで、変えることが難しい「学校のルール」が少しずつ変わったようです。

青木先生については、三回忌の頃、私はまだ心を許せていませんでした。でも今は違います。青木先生はその後、ものすごく変わられました。生徒の視線に立った生徒指導をされるようになり、多くの生徒から相談を受けるようにもなったそうです。バスケットボール部の顧問をなさっていましたが、他校のバスケットボール部の先生から「西尾くんが亡くなってから、指導の仕方が変わりましたね」とも言われたそうです。

その後、定時制高校への異動を希望され、さまざまな境遇を抱えた生徒に向き合う中で、それまでの生徒指導の方法だけでは対応仕切れないことを実感され、より生徒に深く向きあった指導を考えられたそうです。さらに２０１２年には単位制の新設校に異動を希望され、そこで生徒指導担当になられました。私にはそんな青木先生が、より困難な道をご自分で選び、生徒と真摯に向き合うことにやりがいを見出しているように感じます。お会いした時にそう話したら、「健司くんが導いてくれたこと。これが自分の使命だと思っています」と言ってくださいました。

小南先生、青木先生は口を揃えておっしゃいます。「3月23日の朝、『西尾健司くんが亡くなりました』という警察からの電話を聞いた時の震えを絶対に忘れないし、忘れてはいけない。生徒指導をした後、この生徒をこのまま帰らせて本当に大丈夫か、最悪の事態が起こることがないか、常に考えて指導している」と。もう二度と、どの学校でも指導による「最悪の事態」が起こることのないよう、心から願っています。

ラグビー強豪校の激しい暴言と暴力――金沢けい子

金沢　昌輝（高校2年生・17歳／群馬県）
2002年3月25日、午後1時35分。自室から搬送された救急病院で息を引き取る。

2002年3月25日、昌輝はその日から始まるラグビー部の合宿に参加するはずでした。

朝ご飯を食べながら昌輝は、何度も何度も「家はいいなあ」と繰り返し言っていました。

「そんなの当たり前のことじゃない」と、私は息子の言葉の意味することの重要性も感じることなく、会話をしていました。

いざ出発の時間となると、昌輝は玄関まで行っては立ち止まることを繰り返していました。

昨日までの朝とはまるで違います。

そして、突然「行けない」と言ったとたんに、過呼吸を起こしたのです。

◆ラグビー部での常軌を逸した厳しい練習に強いストレスを感じた。
◆その結果たびたび過呼吸を起こしていた。
◆過呼吸発作後にも練習を強要された。
◆「ハメ」と呼ばれる集中的なしごき・暴力・暴言を受けた。
◆ラグビー部を辞めようとしたが、辞めることができなかった。
◆合宿への参加を強要する連絡を受けた。

（上）陸上大会に出場した中学３年時の昌輝くん
（右）魚を釣り喜ぶ小学生の昌輝くん

ラグビー、陸上、そしてレスリング スポーツに熱中した小学校・中学校時代

子どもの頃からスポーツをすることも、見ることも大好きでした。小学校2年生から毎週日曜日には、自宅から自転車で10分ほどの河川敷グラウンドで行われているラグビースクールの練習に参加していました。このスクールには、前橋市内や市外から数十人の子どもたちが参加していました。練習時間は朝の9時から11時まで。時々は遅れて参加することもありましたが、昌輝はラグビースクールをとても楽しみにしていました。

中学校では、陸上部に入部しました。1年生の当初から陸上大会でメダルを取ってきていましたが、中学3年の時に全日本中学校通信陸上競技大会で２００メートル走と走り幅跳びの2種目で群馬県1位をとった時の喜びいっぱいの顔は今も忘れられません。

その後の関東大会出場……。昌輝はゴールをめざして一生懸命に走りました。頑張る息子を応援できることは、親に

ラグビーの試合でトライを決める昌輝くん

とっても充実した時間でした。中学3年生で陸上部を引退した後は、再び週に1度くらいのペースでラグビースクールに顔を出して体を動かしていました。足の速さでトライゲッターとなることも多く、コーチや仲間と楽しくやっているようでした。

ラグビー、陸上、そしてレスリングでもある程度の成績を残し、地方紙のスポーツ欄によく名前が載りました。性格も明るく目立つ存在だったと思います。友達からは「人気者」と言われていましたが、本人にはその自覚はないようで、「自分はいじられキャラだよ」と言っていました。シャイな面もあったのかもしれません。

東京農大二高への進学決定
そして、変化の兆し

高校進学の際には、レスリング、ラグビー、陸上の指導者のいるいくつかの高校から中学校を通じて入学の誘いを受けていました。でも本人は、それよりも普通の高校生として過ごしたいという希望を持っていました。そしてその思いは、時により日により、大きく揺らいでいました。私は最終的な進路は本人に任せようと思い、ドンと構えているように装っていましたが、内心はハラハラしていました。

最終的に昌輝は、陸上できたえた俊足とラグビーでの実績を評価された（と、本人が解釈していた）、自宅から電車を使って約1時間ほどの東京農大二高に進学し、ラグビー部で活動することを選んだのです。昌輝自身が、親や周囲からのアドバイスをふまえ、自分で選んだ結果でしたが、この選択が結果的に大きな苦しみを背負うきっかけとなったのかと思うと、本当に昌輝の選択を後押ししてよかったのか、いまだに考え込むことがあります。

希望と不安をもちながら東京農大二高の1年生となり、少しずつ学校生活とラグビー部での活動に慣れ始めた5月頃から、昌輝の様子が少し変わってきていることに私は気づきました。どうやら、先輩から「シメ」と呼ばれる暴力を受けているようでした。そして、ラグビー部を辞めたいということを、当時の担任でありラグビー部の監督でもあったA先生に伝えていたようだったのです。

でも、昌輝はそのことについて、親には何も言いませんでした。心配になった私たち夫婦は、同じラグビー部の親に相談をしました。

「ラグビー部のことには、口を出さない方がいい」

返事は、それだけでした。

なぜこれほど親も子も、ラグビーのことで我慢を強いられるのだろうかと不思議に思う気持ちはありましたが、いま振り返ってみれば、おかしなことの積み重ねが始まっていたのでした。

長時間の練習のため家には寝に帰るだけになってしまっていたこと、休日が年に4〜5日しかなく体力を回復できずにいたこと、怪我の治療のために病院に行くことさえ止められる場合があったこと、監督をはじめとする指導陣の暴言や暴力に苦しんでいたこと、こうしたことの積み重ねで、体も心も追いつめられていたのは、昌輝だけではなかったのです。

「ラグビー」のひと言に反応して始まった過呼吸の発作

2年生になり、昌輝は主要メンバーとして活躍するようになりました。日々の高校スポーツの大変さを見るにつけ、とにかくおいしいものを食べさせ、家庭で気持ちを切り替え、エネルギーを蓄える愛情を注ぐこと。親のできるサポートは何でもしてあげたい、と強く思っていました。息子は本当に学校を休むこともなく、部活を休むこともなく、よくやっていたと思っていました。

3年生を目前にした2002年3月24日、息子の様子がいつもと違うことに気づきました。昌輝は家に帰ると、まず居間に顔を出して、その日起こったことを話してくれる子でした。でもその日は違って、玄関からまっすぐに自分の部屋に入っていってしまいました。何か様子がおかしい。私はそう思って昌輝の部屋に行って「ラグビーで何かあったの?」と話しかけました。すると急に息が荒くなったのです。かなり激しい過呼吸でした。会話の中の「ラグビー」という単語に反射的に反応したように見えました。

私たちが昌輝の過呼吸に苦しむ姿を見たのは、その日が初めてでした。

「救急車なんて絶対に呼ばないで」

そう言った昌輝の言葉に従って、救急車を呼ばずに様子を見ることにしました。

昌輝の死の背景を知ったいまでは、そのことに深い自責の念を感じています。昌輝の意見を無視してでも救急車を呼べばよかった。そうすれば、きちんとした理由で合宿を休むことができた。病院のベッドで休養がとれれば、体も心もエネルギーを回復して自殺に結びつくことはなかったのではないかと悔やまれてなりません。

「家はいいなあ」と何度も繰り返した合宿に参加するはずの朝に

翌3月25日、昌輝はその日から始まるラグビー部の合宿に参加するはずでした。昌輝は朝ご飯を食べながら、何度も何度も「家はいいなあ」と繰り返し言っていました。「そんなの当たり前のことじゃない」と会話していたことが思い出されます。

いざ出発の時間となると、玄関まで行っては立ち止まることを繰り返していました。昨日までの朝とはまるで違います。突然「行けない」と言ったとたんに過呼吸を起こしました。

私は昌輝を合宿に行かせないことを決め、担任でもあるA総監督に電話を入れました。午前8時4分のことでした。そして、こと細かに昌輝の状態を説明しました。でもその連絡内容はなぜかB

監督には知らされることはありませんでした。

1時間半近くたってから、昌輝の体調の異変を知らないままに、B監督はマネージャーの生徒に昌輝の自宅へ連絡を入れるよう指示しました。

昌輝はその連絡を知るとすぐに「これは策略だ」と言い、指導者らに対しては「あいつら人間じゃあないから」と言いました。そして、私が目を離したすきに自室に入り自殺しました。

自室でぐったりしている息子を発見し、救急車の中で壊れた頭で取り乱しながら、息子を見つめて、「なぜ?」という言葉ばかりを繰り返していました。

昌輝の自殺のことを学校内ですらまともに話し合わない東京農大二高

昌輝が1年生だった時の9月に、学校で過呼吸を起こしたことは知っていました。しかし、その後も何度か過呼吸を起こしていたと知ったのは、昌輝が亡くなってから半年が過ぎた頃のことでした。

発作はいつもラグビーが絡んでいたようです。かなり激しい発作を起こしたにもかかわらず、その後も練習に参加させられていた昌輝を、仲間が心配していたという話でした。そして驚いたことに、そのことを、担任であり顧問でもあったA先生は知っていたというのです。しかし、昌輝の過呼吸のことは、一切家庭に連絡されることはありませんでした。

昌輝が亡くなる前日、家庭で初めて過呼吸の発作を目にしたときも、私の「ラグビーで何があったの？」という言葉がきっかけでした。だからこそ、ラグビー部の活動で何かがあったという思いを強くしたのです。

昌輝が亡くなって、半年が経とうとする２００２年９月15日の日曜日でした。校長先生と他二人の先生方に自宅に来ていただきました。

「指導に問題があったと思うのですが」と私たちは切り出しました。

「きちんとご両親の気持ちに対処します。１、２カ月待ってください」と校長は言いました。

その言葉を信じて、私たちは学校からの回答を待ちました。でも、いくら待っても学校からの連絡はありませんでした。２カ月以上待ち続け、とうとうしびれを切らした私たちは、11月26日に東京農大二高に出向き、校長に会いました。

校長はその場で驚くべき発言をしました。昌輝に対する指導の問題にはまったく触れることなく、

「ラグビー指導者たちの今後を温かく見守ってやってほしい」

と、私たち夫婦のまったく予想しない発言をしたのでした。

この訪問により、校長は９月15日の自宅訪問以降、ラグビー部の顧問らと何ひとつ話をしていないことが分かりました。そこで、「まずラグビー関係者ときちんと話し合いをしたのちに、私たちにその内容を知らせてください」と伝えて校長室を後にしました。

それにもかかわらず、その後のラグビースタッフの長であるＣ教頭から「花園に行くにあたり昌

輝くんに焼香し報告したい」という、事情を踏まえていない電話から、校長はまたもラグビースタッフになにも伝えていなかったことが明らかになりました。私はC教頭に、11月26日の校長訪問でのやりとりのことを伝え、しばらく我が家への焼香は遠慮してほしいことも伝えました。

こうしたやりとりを経て、学校側はようやく「このまま、無かったことにする」ことが困難であることを感じ取ったようでした。昌輝のラグビー仲間が顧問らに提出した「抗議文」を読んでから、何人かの弁護士に相談はしてきましたが、訴訟の思いが強くなったのは、このときからです。

17歳11カ月の昌輝が、命をかけてラグビー指導者たちに投げかけた疑問に対してさえ、学校側はきちんと話し合うことすらしませんでした。昌輝は、「あいつら人間じゃない」と最後に言ったのです。一人の人間の命をどう考えているのでしょうか。なぜ葬儀の翌日から、普段どおりにラグビー部の練習を再開できたのでしょうか。一人ひとりの子どもを、どんな姿勢で見ていたのでしょうか。一人ひとりの才能を伸ばしていくために、どうやって子どもたちと信頼関係を作り上げていたのでしょうか。学校への疑問は日増しに膨らんでいきました。

その後、12月11日に再び校長と話をした際には、11月26日の校長室での私たちの話を「個人的に聞いただけ」と言い、「もし納得いかないなら、第三者をたてて世間に聞いたらどうですか？」と言い放ちました。その言葉に、私たちの頭の中は真っ白になってしまいました。その場面、その言葉は、絶対に忘れません。

昌輝と一緒にラグビーをしてきた仲間たちが、「昌輝くんをどうにか助けることができなかったのか」と苦しんできた時間です。私たち両親も、どうしてもっと注意を払ってこなかったのか、もっとできることがあったのではないかと、自分たちを責め、涙する月日の中で、学校と指導者が「何も知らない」「責任はない」と言い切れることがどうしても理解できませんでした。

そしてついに、私たちは訴訟を決意しました。昌輝の身にいったい何が起きたのか、それを知るためには訴訟しかないという結論になったのです。学校に、きちんと事実を見つめていただき省みることを促す方法、わが子の死を教訓に変える方法が、訴訟しか見つからなかったのです。闘いたかったわけではありません。金銭を目的としたわけでもありません。ただ、それしか方法が残されていなかったのです。

学校側は、東京農大二高の指導に昌輝が合わないから死んだと

裁判が進む中、学校側は、昌輝を含め同期の仲間や、陳述書を提出してくれた子どもたちに問題があるかのように主張してきました。しかも、暴言や暴力に関しても、驚くような主張をしてきました。

例えば、答弁書面の東京農大二高側の主張には、「死ね、と言っても、その言葉は金沢に言ったのではない」「暴力のようなことはあったかもしれないが、金沢に、ではない」というものがありました。だから、なんの関係も責任もないと主張をしているのですが、見せしめのような暴言や暴

力があれば、それを見聞きする生徒全員が心の傷を負うのではないかと思うのです。こうした対応に、私は深く傷つけられました。教師側の陳述の具体的な内容をここに掲載することは控えましたが、その内容はとうてい納得できないものでした。

高校生ともなれば、一方的にふるわれる暴力や暴言に対し、絶対に納得はできないと思うときはあるはずです。こうした状態では、信頼関係ができあがるとは思えません。だからこそ、子どもたちは指導者が一方的に感情をぶつけていると感じるのでしょう。「熱心な指導」などというあいまいな言葉でごまかしてほしくありません。

暴力をふるっても、暴言を吐いても、生徒たちが反撃できないことをいいことに増長し、自分にはどんな振る舞いでも許される、それが自分に与えられた権利だと考えはじめるのではないでしょうか。そしてそれが習慣化していき、次第に固定化していくのではないでしょうか。

私たちは「息子がいた当時の指導を省みてください」と何度も何度も指導者にお願いしています。大人は子ども以上に、きちんと自らの行動の責任をとるべきだと思います。権力さえあれば、力さえ強ければ何をしても許されるなんて、絶対に認めるわけにはいきません。

教育者から「東京農大二高の指導に息子が合わないから死んだ」などという発言が出ることが、そもそもおかしいはずです。学校が自ら過ちに気づき振る舞いを改めることができないなら、いったいどうしたらいいのでしょうか。どうして子どもの命を追いつめるような指導が生まれてきてしまうのか、何がそれを支えるのか、私たちは一生懸命これからも考え続けていきたいと思います。

もちろんこれは、昌輝がいまここにいない苦しい現実を受け止めなければならない、私たちの戒めでもあります。

同期生や養護教諭が裁判所に提出してくれた陳述書から見えてきたもの

裁判の過程では、昌輝の同期生や養護教諭が、陳述書を提出してくれました。その一部をご紹介します。

同期生の陳述書より（部分・一部要約・表記は原文のまま）

僕は金沢くんと同級生で、農大二高ラグビー部員でした。僕は、金沢くんと同じバックスの選手でした。僕たちが農二のラグビー部にいたころの練習状況について、思い出しながら述べたいと思います。

僕たち部員の間で、監督たちに「ハメられる」とか「ハメ」とかという風に呼んでいたことがあります。金沢くんはまさに監督たちにハメられて、遂に自殺してしまったのだと思います。「ハメ」とは、監督たちから、自分だけがある期間、みんなの前で集中的に怒られたり、殴られたり、蹴りを入れられたりすることを意味します。

平成13年1月15日のことだったと思います。タックルの練習の時、B先生から「やる気がない」

と怒られて、B先生とマンツーマンでタックルの練習をしました。初めは僕がB先生にタックルを入れていたのですが、そのうちにB先生の方が僕にタックルを入れてきました。コンタクト用の防具を着けていない自分に、です。B先生は思い切り僕に当たってきました。僕はB先生にタックルを入れられるたびに、後ろに突き飛ばされ地面に叩きつけられました。B先生は5回くらい当たってきました。

練習が終わり、グラウンド整備をし挨拶をして部室に戻りました。すると突然激しい腹痛に襲われました。まわりのみんなは僕がふざけていると思っていました。僕は冷や汗を流しながら職員室にラグビー部の先生を探しに行きましたが、みんなすでに帰ってしまっていませんでした。しかたなく僕はもう一度部室に戻りました。戻る途中の階段で、もう歩けないほどに痛くて、僕の我慢も限界に達していました。部室に戻り、僕はあまりの痛さに下駄箱の付近の床で、靴も脱がずに横になって動けなくなりました。僕は救急車に乗り、国立高崎病院まで運ばれました。診断は十二指腸穿孔という怪我で、十二指腸に穴が開いたということでした。医者の話では、とてつもなく強い衝撃が加わらない限り、普通は十二指腸に穴が開くことはないそうです。僕はその日から1月28日まで入院しなければいけませんでした。

僕が3年生の秋頃でしたから、平成14年の秋頃だったと思います。学校の授業が終わり、いつものように部活に出て行った日です。僕はその日はあまり体調が良くなかったので、部活にあまり力が入っていなかったように周りから見えたのかも知れません。コンタクト練習をしている時、指導陣から、「もう少し気合を入れろ」などと注意を受けました。だけど僕は体調が思わしくなく、そのまま練習をやり続けていました。どうやらB先生が、僕に対してもう一度同じ注意をしたようで、しかし周りの声に紛れて僕の耳には聞こえず、練習が終わったので部室へ向かって歩いていた時です。突然B先生がものすごい勢いで僕のところまで走って来て、何も言わずに僕の襟首を持ち上げました。自分は身長が小さく、体重も軽いので、足が地面から離れて浮いた状態になりました。そして僕はそのまま振り回されました。僕はこの時とても怖かったので、細かいことはこれ以上覚えていません。ただラグビージャージとナイロンジャケットが（破ける）「ビリビリ」とした音しか聞こえませんでした。

後で友達から、「振り回されている時は、まるで人形のようになっていたぞ」と言われました。あらためて自分のジャージを見ると、襟の下の一番強く縫われているところが切れていたので納得しました。僕はこの他にも、指導陣の先生から似たような目にたくさん遭っていたのですが、細かいことについてはもうよく覚えていません。とにかく僕はB先生からそうとう殴られました。A先生とDコーチから殴られたことはあまり覚えていません。ただ、Dコーチはミスをした選手に、いつものように「死ね」とか「いらない」などと暴言を吐いていました。

それと、金沢くんは良く過呼吸になっていました。僕は2年生の時、金沢くんと同じクラスでした。確か11月頃だったと思います。5時間目の（この後部活になるとわかっている最後の）授業中、突然教卓の一番前に座っていた金沢くんが「ヒッヒッヒ」と息を立て続けに吸うように、笑うような声がしました。クラスのみんなは金沢くんが笑っていると思っていましたが、だんだんと様子が激しくなってきたので、みんな騒ぎはじめました。その後金沢くんは保健室に連れて行かれました。それでも、その日の部活には、金沢くんは出て練習をしていました。その時はちょうど学校合宿で、家には帰らずに学校に泊まって練習をしている時期でした。

また、金沢くんは、B先生から練習中、一人だけ近くに呼ばれて「バックスとしてダメだ」「金沢そんなんじゃ一本目（レギュラー）として恥ずかしくないか」「一本目のプレーじゃないぞ」などと言われて傷ついていました。だいたい2年生の夏ころから、金沢くんに対して厳しくなり始め、彼が一本目で活躍し始めたころからさらに厳しくなり、まさに「ハメられて」いったのを覚えています。僕が覚えている限り、そういった時金沢くんはいつも頭を垂れていて、本当に鬱病かと思うほどへこんでました。

亡くなる前日は、Dくんと2人で並んで帰る時、うつむいたまま、トボトボと元気なく歩いていて、あれは本当にやばそうでした。さらに、FW（フォワード）の人から聞いた話です。Dコーチはその頃にあった試合のビデオをFWの選手たちと見ている時に、「金沢はどこにいるんだ！」「なんであんな所に！」「バカだ」「使えない！」などと言っていたようで、それを、金沢くんは、後から聞いて、かなりショックを受けていたそうです。

養護教諭の陳述書より（部分・原文のまま）

金沢くんの過呼吸発作について

1年生の9月末、初めての過呼吸発作。昼休みに友達に伴われて来室した時はもう、かなりの過換気の状態で、全身の痙攣まで進み、目が放せなかった。発作が治まるまで40分くらいかかり、ほぼ1時間くらいで落ち着いた。実はこの日10時ころ、頭痛を訴えて来室しており、ひどい昂奮状態であったので、この発作の引き金だったと納得しました。授業を受けられる状態でないので話の聞き役になりました。そこでの訴えはラグビー部を続ける自信がないこと。（部内の詳しい話をして）この部をやめて陸上部へ移りたいということに終始していました。

担任でありラグビー部の顧問でもあるA先生に相談したらどうか、の問いには、高いところにいる人で怖いし、とても厳しいので話などできないという。話を聞いてあげたことでか落ち着き、いったん授業に戻っておりました。母親に電話し来校依頼をしました。

母親との話から、金沢くんは今までに過呼吸の発作は一度もなかったことを確認した。家庭での様子や訴えを聞いたが、（本人が）「監督は厳しい」と言っていること以外、なにも伺えなかった。母親と一緒に早退した。

A先生の空き時間を待ち、金沢くんの件について報告した。

＊ラグビー部をやめて陸上部へ移りたい件、ラグビー部をやめたいとの訴えが強いこと。＊先輩との上下関係対処依頼　＊生徒たちは個人差があるので、個人に対応した配慮を、とお願いした。

放課後校長に事後報告をした。

保健室（来室）の発作は、2月初めと2年生の11月初めの3回で、いずれも明らかに、ラグビーの部活に起因した過呼吸発作でした。

11月の発作は合宿中だったと記憶していますが、（1時間以上もの発作）休養後の対応にも元気がなく、うつろな状態であり、かなり落ち込んで疲労こんぱいの様子でした。花園大会へ向けてのプレッシャーが大きいのか、合宿中で何かあったのか気がかりでした。A先生に連絡し、「部活動は無理ですね。」と念を押しました。翌朝クラブの生徒から金沢くんが部活動に参加していたことを聞かされショックでした。

金沢くんが最後に自宅で起こした過呼吸発作も合宿の前だったようで、発作は合宿と何らかの関連があったのかと、との思いもします。

訴訟を通じて、昌輝の身にいったい何が起きたのか、それを知りたかったのですが、限界があったことは確かです。学校側から積極的に情報が開示されることはありませんでした。事実が浮かび上がってきたのは、同期生やその保護者、養護教諭の証言や陳述書からだけで、それも断片的なものでした。

「判決よりも和解を」

弁護士のすすめに従って和解を受け入れることに

私たちが求めていたのは、はっきりとした判決をもらうことでした。でも、弁護士からは和解を勧められました。一審でいい判決が出ても、高裁でそれを覆されるかもしれない、だから結果を確定できる和解を受け入れた方がいい、というものでした。

２００５年９月６日、前橋地裁で職権による和解が成立しました。内容は次のようなものでした。

和解条項

1、メモリアルの設置等

(1)被告学校法人東京農業大学（以下「被告学校法人」という。）は、東京農業大学第二高等学校の敷地内に、次のとおりのメモリアル1基を設置することとする。

形状：石碑（高さ約０・８メートル、横約1メートル、奥行き約０・２メートル）

素材：材質・みかげ石、石名・万年青、色・深い緑

完成期日：平成17年12月末日まで

(2)(1)のメモリアルの設置場所の決定及び今後の移転等については、原告らの要望に配慮しつつ、被告学校法人においてこれを行うこととする。

(3)原告らは、被告学校法人に対し、被告らが将来メモリアルを移転する場合の、新規の設置位置については、東京農業大学第二高等学校の敷地内であること、ラグビー場を見渡せる場所であること、通行の妨げにならないこと、を（原告は被告に）要望する。

2、ラグビー指導に当たっての遵守事項等

(1)被告らは、部活動が教育活動の一環であることを踏まえ、未成年であるラグビー部員各自の人権を

尊重したラグビー指導を今後とも行うものとする。
(2)被告らは、ラグビー指導に当たり、ラグビー部員に体罰や差別的な取り扱いをしないことを確約する。
(3)被告らは、日ごろからラグビー部員の健康面、安全面の管理に留意した指導を心掛け、ラグビー部員、保護者との連絡を密に取り合うよう努めることとする。
(4)被告らは、別紙6のとおりの健康管理の指針をラグビー部員に周知徹底するとともに、保護者にも毎年定期的に前記指針を明らかにして周知するものとする。
(5)被告学校法人は、その職員である東京農業大学第二高等学校ラグビー部の指導スタッフ(顧問)が、(1)ないし(4)を遵守し、適切な部活動運営を続けるよう管理することを確約する。
(6)被告らは、スポーツ推薦により東京農業大学第二高等学校に入学した生徒については、推薦対象となった部を辞めても、このことにより、同高校を退学しなければならないものでないことを認める。

3、弔慰金の支払い
(1)被告学校法人は、原告らに対し、金沢昌輝くん死亡に対する弔慰金として、金500万円の支払義務があることを認める。
(2)被告学校法人は、原告らに対し、平成17年9月30日限り、(1)の金員を[支払先]に振り込む方法により支払う。

4、原告らはその余の請求を放棄する。

5、原告ら及び被告らは、原告らと被告らとの間には、本和解条項に定めるほか、本件に関し、何らかの債権債務がないことを相互に確認する。

6、訴訟費用は各自の負担とする。

学校が関わる中でのひとりの人間の死を受け止めてほしかったから

私たちが望んだのは、東京農大二高を否定することではありませんでした。もちろん、今まで積み上げてきたラグビー部の歴史や、ＯＢの方々を否定したいのでもありません。望んだことは、ごく簡単なことでした。

「教育の現場である学校が関係し、ひとりの人間が亡くなった」という現実を、東京農大二高の学校側関係者に受け止めてもらいたいのです。そして、絶対に忘れてもらいたくなかったのです。それでなくては、このままでは息子の存在そのものが無意味なものとなってしまいます。金沢昌輝という一人の人間が、生きた証しを、先生方にも受け止めてもらいたかったのです。そしてその延長として、これからの子どもたちの命を守るという想いがありました。

私たちは、昌輝が亡くなってから言葉では表しきれない苦しい毎日を過ごしました。そして、学校側と話をするたびに打ちのめされ、ひどい落胆を感じました。自分たちにとっては、とても高いハードルであった訴訟を決意するまでには、何度も何度も迷いました。だからこそ、訴訟を決断するまでに1年半の時間が必要だったのです。

訴訟を起こした後も、平坦な道のりではありませんでした。訴訟を起こすも起こさないも地獄です。もちろん、訴訟以外の道も必死に探りましたが、昌輝の身にいったい何が起きたのか、それを知るためには訴訟しかないという結論になったのです。学校に、きちんと事実を見つめていただき省みることを促す方法、わが子の死を教訓に変える方法が見つからなかったのです。悩みに悩みぬいた後の選択でした。闘いたかったのではありません。子どもの死を無にしてほしくない、ただその思いからの行動だったのです。

和解の約3カ月後の2005年12月中旬、東京農大二高の代理人弁護士から私たちの弁護士宛に「25日に碑が完成する」と連絡がありました。ラグビー部の関係者は全員、全国大会のため大阪に行っている時期です。結局、慰霊碑の完成式には、学校側からは代理人弁護士が出席しただけでした。私たちは、裁判を支援してくださった方々もまじえ、合計20人で学校に向かいました。突然決まった日程にもかかわらず、多くの方々に同行していただき、感謝の気持ちでいっぱいです。でも、私たちが捧げた花は「明日撤去します」と言われ、悲しみとともに持ち帰ることとなりました。

「和解は、法的には判決と同等のものです」と教えてくれた裁判官の言葉を受け入れ、第一審で和解を選択しました。「メモリアルの設置」「ラグビー指導に当たっての遵守事項等」「弔慰金500万円の支払義務を認める」など、判決を受ける場合以上の結果を出せたことは大きな成果だったと思っています。

ただ一方で、戦い続けた方がよかったのではないかと後悔する気持ちもあります。それは、和解案の中では自殺と指導との因果関係に触れていないことにあります。そのこともあって、学校からの謝罪はありませんでした。東京農大二高の代理人弁護士が言った「和解条項の以上も以下もない」との言葉が、いまでも耳に残っています。

II

子どもを失った親が向き合うもの

——なぜ〈「指導死」親の会〉ができたのか

「指導死」親の会 代表世話人
大貫 隆志

子どもを失った親が直面する数々の苦しみ

子どもを自殺で失った親は、それだけでも大変な苦しみを味わいます。ある人は眠れなくなり、ある人は食事が喉を通らなくなり、ある人は無口になり、またある人は饒舌になり、外出できなくなり、不安に押しつぶされる人もあれば、攻撃的になる人もあります。

私自身も、現実感を喪失している時間と、不安や怒りに襲われる時間とを交互に繰り返していました。毎日変わらずに日が昇り、空はいつもどおりに青く澄み渡っているのに、ふと部屋を見回すといるはずの我が子がいない。通学路からは元気な子どもの声が聞こえてくるのに、そこには我が子がいない。子どもが使っていた部屋には、カバンや教科書やノートや、制服や帽子や、大好きだった漫画や本やゲームが今までと同じようにそこにあるのに、我が子だけがいない。「喪失」という言葉だけではとうてい表現しきれない感情が、繰り返し襲ってきました。

しかし、遺族の苦しみは子どもを失ったことによるものだけではありません。その日まで元気だった子どもが、学校から帰ることなく自殺をしてしまった。あるいは帰ってまもなく自殺をしてしまった。残された親は、なぜ子どもが死んでしまったのだろうか、その理由を知りたいと願います。ところがほとんどの場合、遺族のこうした願いは踏みにじられます。さらに、地域から孤立していく、あるいは孤立させられるといったさまざまな苦しみに直面せざるを得なくなります。

根拠のない噂に苦しめられ
学校をおとしめる親として非難され

遺族は、学校で何かがあって子どもが自殺をしたと考えます。そしてごく当然のことながら、その質問を学校に投げかけます。しかし、学校でどんな指導が行われたのか、それを知りたいと願ってもなかなか情報を得ることができないのです。

会議や出張などを理由に説明を先延ばしにされたり、ようやく説明が聞けると思って学校に行くと、曖昧な説明や、事実と違う説明がされたりします。説明が聞きたいとお願いすれば、きっと、きちんとした話が聞けるはずだと思っていた遺族は、ここで初めて「学校の壁」に直面します。

学校は子どものことを最優先に考えてくれるはず、だから、子どもの死にも誠実に向き合ってくれるはずだという親の思いは、驚くほど簡単に打ち砕かれます。そして、子どもを失った苦しみの上に、学校から裏切られるという二重の苦しみを背負うようになるのです。遺族にとって「学校で何があったのか」を曖昧にされたり、ごまかされたりすることは、亡くなった我が子が冒涜されたように思える行為ですし、遺族の思いを踏みにじる、二重の意味での加害行為なのです。

「どうしてなにも聞かせてくれないのだろう」

遺族は悲しみ、怒り、とまどいます。

少なくとも私が知る範囲では、学校側が「学校で何があったのか」について、不都合な事実も含め積極的に遺族に公表したケースは一件もありません。なぜでしょうか。調査ができていないからでしょうか。公表できないような、特別な個人情報が含まれるからでしょうか。

その上に、すべてのケースに当てはまるわけではありませんが、学校との交渉を重ねたり、あるいは訴訟を起こしたりする遺族に対して、根拠のない噂が流されることが少なくありません。

「あの家庭では、虐待が行われていた」

「亡くなった子どもと親の間には、いろいろ問題があったようだ」

もちろん事実とは異なる、根拠のない噂です。しかし、これもまた遺族にとっては、我が子が冒涜される行為です。噂が広まるにつれ遺族は地域から孤立していきます。地元のスーパーマーケットで買い物がしづらくなり、隣町まで出かけざるを得ないという話もよく耳にします。

あるいは、「学校は間違ったことなどしていない。悪いのは学校の名誉をおとしめようとするあの遺族だ」として、学校を擁護する動きが始まることもあります。学校や教師を守るための署名運動や、遺族の行動を非難する抗議活動、マスコミへの投書などさまざまな種類があります。

多くは、「学校は正しい」とする具体的な根拠があるわけではありません。自分や自分の子どもと関係のある学校の名誉が脅かされる不快感から起こる行為のように思えます。

遺族は学校や教育委員会に何を求めているのか

我が子を自殺で失った遺族は、決まり言葉のようにこう言います。

「学校で何があったのか知りたい」

自分の子どもが、どうして死へと追い詰められたのか、その原因や背景を知りたいと願うのです。こう願うのには、いくつかの理由があります。

まず、文字どおりの意味で「何があったのか、事実をできるだけ正確に知りたい」という願いです。もうひとつは、なぜ自分の子どもが死ななければならなかったのか、その原因を知りたいというものです。遺族としては当然の感情と言えるでしょう。そして最後は、我が子の死を受け入れるためには、何があったのかを知ることが必要だからです。

自分よりも先に、子どもが死んでしまった。受け入れられるはずのない事実を、遺族は目の前に突きつけられます。動かしがたい事実であることを、頭では理解できても心はそれを拒否します。この混乱状態では、遺族は一歩も前に進むことができません。我が子の死を受け入れなければならない。でもどうしても受け入れることができない。絶望的な悲しさで目の前を覆われてしまい、前を向くことすら困難な状態が続きます。そうした状態から、再び前を向き、次の一歩を踏み出すためには、「我が子の身に何が起きたのか、学校で何があったのか」を知る必要があります。

これは熱中症で我が子を亡くされたお母さんがおっしゃっていた言葉ですが、「ビデオでひとコマひとコマを再現するように、自分の子どもに起こったことを知りたい」のです。それができて初めて、我が子の死を受け入れはじめることができるのです。

事実が明らかにされないから再発防止策がとられない

明らかに生徒指導しか自殺の原因が見当たらない場合であっても、学校はその事実を認めようとしません。原因の調査を行わない、あるいは調査してもその情報を遺族に開示しようとはしません。言うまでもなく、再発防止のためには、事実関係の徹底した調査が必要です。調査した事実をもとに、原因、または原因と思われるものを突き詰め、その上で有効な再発防止策を立てていく必要があります。しかし、これまでの事案では、再発防止策を立てるために十分なレベルの事実関係の調査は行われてきませんでした。

なぜでしょうか。それは、調査を行うこと自体が自校の生徒指導上の問題を認めるに等しいために、あえて調査を行わないのではないか、と私は考えています。生徒指導は正しく行われている、従って生徒の自殺と指導との関係はあり得ない、と結論づけられているのではないでしょうか。

「こんなにつらい思いをするのは私たちで最後にしてほしい」

これもまた異口同音に遺族が言うことです。しかし、その願いも、学校側の保身のため叶えられることはありません。そして、大変残念なことにふたたび新たな事案が発生し、私たちはまた新たな遺族と対面することになってしまうのです。

苦しみから遺族が立ち上がっていくきっかけの一つ「ピアサポートグループ」

後に〈「指導死」親の会〉の創設メンバーとなる安達和美さんとは、東京駅構内の喫茶店で初めてお目にかかりました。2004年11月のことでした。横浜地裁やさいたま地裁で開かれる裁判を傍聴するために、長崎から来ることにまず驚きました。安達さんのお子さん、雄大くんがその年の3月に自殺したこと、訴訟を考えていること、弁護士を探していることなどを伺いました。

私は、自分がどのようにして学校や市教育委員会と交渉したか、その結果、どこまでを知ることができて、どのあたりに限界があったかなどをお話ししたと思います。その際に安達さんから、神戸を中心に活動しているピアサポートグループ〈全国学校事故・事件を語る会〉のことを教えてもらいました。

〈全国学校事故・事件を語る会〉に初めて参加したのは、2006年2月のことでした。その際に、井田紀子さん、西尾裕美さんと会いました。月並みな表現ですが、初めて会うのにずっと前からの知り合いのように、お互いの話を共感して聞くことができましたし、自分のこれまでの体験についても、何の心配もなく話すことができました。

自分の子どもの死を語ることは、聞いてもらう方にも重い話ですから、誰かれとなく話せることではありません。ともすると、うまく理解してもらえず、嫌な思いをすることもまれにはあります。でも、同じ体験をした遺族同士なら、本当に何の気兼ねもなく話ができたのです。もっと早く、この会に来ていればよかったと思いました。

同じように、生徒指導をきっかけに子どもが自殺するケースが、わが子・陵平だけのことではなく、いじめ自殺と同じくらい起きていることもわかって来ました。安達さん、井田さん、西尾さんたちとは、機会あるごとに「指導で子どもが自殺することを、もっとたくさんの人に知ってもらう必要がある」と話してきました。

知られていないなら名前をつければいい
「指導死」の誕生

2006年6月に井田さんが埼玉県を相手取って起こした訴訟には、西尾さんや安達さんも何度か傍聴に駆けつけました。時には傍聴のあと、私の家に集まって食事をすることもありました。お互いの子どもの話、教育の話、民事訴訟の限界、とめどもなく話は続きます。あるとき井田さんが「子どもの自殺のことを、人に話して理解してもらうことがとても大変だ」と言いました。

「子どもが悪いことをしたから指導を受けたのに、なぜ学校や先生が悪いことになるのか」
「先生だって悪気があったわけではないのだから」
「指導されたくらいで、なんで自殺するのかわからない」

そんなふうに反論され、なかなかわかってもらえないと言うのです。そうだね、と賛同の声が上がりました。

「いじめ自殺は、まだいいよね。いじめで子どもが自殺することを多くの人が理解しているから」

「生徒指導で子どもが自殺してしまうこともあると、みんなが知ってくれればいいのに」

「せめて呼び名があれば」

そんな会話が続きました。

「指導で子どもが死ぬのだから『指導死』ではどうか」と私が言い、すんなり決まりました。過労による死亡や自殺を「過労死」と呼ぶことが意識の底にあったのだと思います。

文部科学省への申し入れで立ち上げた〈「指導死」親の会〉

２００８年９月28日、井田さんの弁護団を中心に、〈生徒指導による自殺「指導死」を考える会〉が開催されました。この会には井田さんの他に長崎から安達さんが、兵庫から西尾さんが、そして私もパネラーとして参加しました。

参加にあたって、安達さんは文部科学省に連絡を取りました。安達さんのお子さん、雄大くんの自殺原因が「不明」として統計に上っているので、それを正しい理由「教師の叱責」に変えてほしいという申し入れを行うためでした。しかし、当時文科省は個人からの申し入れは受けないという対応だったため、それでは会として申し入れを行おうと、〈生徒指導による自殺「指導死」を考える会〉を団体名としました。これが、〈「指導死」親の会〉の前身となりました。

翌9月29日、安達さん、井田さん、西尾さん、私、そして武田さち子さんの五人で文科省に向かい、雄大くんの統計について、自殺原因は単なる統計上の数字ではなく、亡くなった子どもの尊厳に関わる問題であることを申し入れ、原因を「教師の叱責」に変更できる可能性はあるかなどの質問をしました。

1年後の2009年11月4日にも〈生徒指導による自殺「指導死」を考える会〉として文科省に申し入れを行い、10年11月4日の申し入れからは、〈「指導死」親の会〉の名称を使用するようになりました。親の会としては、11年2月24日にも文科省に行っています。

文科省との交渉では、申し入れに対する返答がメールの添付ファイルとしては返ってくるものの、日付も公印もない「手紙」レベルのものでした。指導による子どもの自殺が少なくないことを通知してほしいという願いにも、対応してもらうことはできませんでした。

いっこうに問題解決へと前進しないことから、「指導死」事案をまとめた事例集のようなものを作ってはどうか、遺族の立場から発言をする場があってもいいという提案が、安達さんからありました。私自身もその必要性を感じながら、忙しいことを理由に先延ばしを繰り返していました。

ようやく実現した「指導死」シンポジウム

2012年7月、滋賀県大津市の中学生男子生徒の自殺問題がさかんに報道されるようになりました。子どもの自殺が社会問題化する四度目のケースです。最初は、１９８６年に東京都中野区の男子中学生が「このままじゃ『生きジゴク』になっちゃうよ」と遺書を残して自殺したことを、二度目は、１９９４年愛知県西尾市の男子中学生が恐喝などを受けて自殺したことを、三度目は、２００６年に福岡県筑前町の男子中学生が「いじめられて、もういきていけない」との遺書を残して自殺したことを受けて、それぞれに子どもの自殺事件が大きく報道されたことがきっかけでした。10月14日、〈全国学校事故・事件を語る会〉の集会が神戸で開かれました。大津市では、いじめの実態などを調べる市の第三者調査委員会の聞き取り調査で、数人の教師が、自殺前にいじめがあった可能性を認識していたことが明らかにされた時期でもありました。

〈全国学校事故・事件を語る会〉に参加した安達さんと西尾さんは、〈「指導死」親の会〉としてアピールする場を持った方がいいと考えました。いじめだけでなく、生徒指導によって自殺に追い込まれる子どもがいることを、この機会に広く伝えたいという願いからでした。

安達さんと西尾さんより「東京で開催したいので会場を手配できないか」との連絡を受け、翌月に東京都港区の「人権ライブラリー」で開催することが決まりました。

こうして、11月17日にようやく〈「指導死」親の会〉としての初めてのシンポジウム〈生徒指導による子どもの自殺『指導死』を改めて考える〉を開くことができました。当日は、愛知県立大学教育福祉学部教授の望月彰さん、〈全国学校事故・事件を語る会〉代表世話人の内海千春さん、「指導死」事案の弁護活動も手がけていらっしゃる弁護士の寺町東子さん、教育評論家の武田さち子さんのお話に加え、「指導死」事案8例が遺族によって紹介されました。

いったい何人が参加してくれるのだろうかという心配もあったのですが、朝日新聞や東京新聞が告知に紙面を割いてくださったこともあり、60名定員の会場は大急ぎで椅子を追加するほどの状態となりました。これをきっかけに、さまざまなメディアで「指導死」の問題を取り上げていただけるようになり、2013年1月の大阪市立桜宮高校男子生徒の自殺報道では、「指導死」がキーワードとして盛んに使われるようになりました。

生徒指導をきっかけあるいは原因とした自殺が存在することを、広く世に訴えたいという私たち遺族の願いは、一歩前進したことになります。しかし私たちは、「指導死」が話題に上る背景に、ひとりの人間のかけがえのない命が失われているという事実を忘れてはいけないと思います。


「指導死」の存在を広く知っていただき、その抑止にさまざまな専門家の知恵をよせていただき、最終的には「指導死」という言葉をこの世の中から消し去りたいというのが私の願いです。

「かつて日本では、生徒指導によって子どもが死に追いつめられる事件が起こっていました。当時はこれを『指導死』と呼んでいました」

こんなふうに、過去の出来事として、「指導死」が語られる日の来ることを私は夢見ています。

III

追いつめられた子どもたち
——遺族の手記 '04–'09 年

安達　和美
井田　紀子
今野　勝也
仲村　正

アルミ箔の貼られた密室での指導——安達 和美

安達 雄大（中学2年生・14歳／長崎県）
2004年3月10日、午後5時30分頃、校舎4階の窓から飛び降りる。

指導が行われたのは、トイレの掃除道具入れでした。

90センチ四方、ドアの上が開いているとはいえ、電気はありません。

身長180センチ程の大柄なT担任と、身長170センチの雄大が入ると、密着したまま身動きできない状態になります。

なぜ、こんな場所に入る必要があるのでしょう。

次の指導場所は、アルミで覆われ、外から光のまったく入ってこない多目的室でした。

指導室はあるのに、なぜ多目的室を選んだのか、この時初めて「おかしい」と感じました。

◆長崎市立小島中学校2年の3学期、掃除時間に友達にライターを見せているところを担任に見つかる。

◆担任は、トイレの掃除用具入れに雄大を入れて注意し、そこでポケットに入っていたタバコが見つかる。放課後、残るように言われる。

◆午後4時半頃、担任に3階のアルミ箔の貼られた多目的室に連れて行かれ、喫煙について書くよう指示される。担任は、多目的室を出て行き、一人になる。

◆5分後に戻ってきた担任は、雄大のメモを見て友達の名前を聞き出す。「両親は知っているのか。一緒に家に行き、報告しよう」と言い、学年主任を呼ぶため、再び多目的室を出ていった。雄大はこの間に遺書を書く。

◆多目的室に入ってきた学年主任に対し、「トイレに行きたい」と言い、了承されて教室を出る。

◆トイレとは反対方向に進み、階段を上がって4階の手洗い場の窓から飛び降りた。

元気でやんちゃで甘えん坊で
おもしろくて正義感も強かった雄大

次男坊の雄大は、おなかにいるときから元気な子でした。雄大がいるといつでも笑いがありました。私の母も同居していて、昔ながらの家なので子どもたちに一人部屋はなく、宿題もみんながいる居間でするし、寝る時はみんな一緒。雄大は私の隣に寝ていました。

小さい頃からいつもずっと外で遊んでいました。虫博士と呼ばれるくらいの虫好きで、休日は家族で山か川か海で遊んでいました。そのうち魚釣りに夢中になり、ルアーを自分で作ってバス釣りをしたり、海釣りに凝っていつの間にか仕掛けを覚え、イカや太刀魚なども釣っていました。釣り場で出会ったおじさんと友達になり、ポイントや仕掛けも教えてもらっていました。雄大は中学2年になって「船長さんになろうかな」と言ったので、「船長さんは、魚釣りばっかりしよらんとよ」と笑って言うと、「わかっとっとさ」と答えていました。

学校の先生からも「昔のガキ大将タイプですね」と言われ、学校の勉強は嫌いでしたが、自分の好きなことに関しては、いろいろのことを知っていました。やんちゃゆえに先生にしかられることもあるものの、型にはまらずにのびのび育つ姿に、どんなにおもしろい人間に成長していくのか楽しみに思っていました。

小学3年の時には、ひとつ上の兄の影響から部活でサッカーを始めました。「うまくなりたい」というより、友達とみんなでできることが楽しかったようです。中学校でのサッカーの仲間も、学年を問わずにこの頃からの友達です。雄大にとっては、サッカーは競技というだけでなく、仲間とともに笑い、泣き、ともに頑張ることが大切だったのだと思います。

脱いだ形を残したままのジャージを再びはくことはなく去って行った雄大

2004年3月10日の朝、週末にあるサッカー部の送別会の話をして、部の保護者代表をしていた私は雄大に、欠席する予定の部員にもう一度声をかけてくれるよう、頼みました。雄大は「分かった。分かった」と言いながら、急いで出かけていきました。廊下には寝巻きのジャージが脱いだままの形で脱ぎ捨ててあったので、「まただ。今日は帰ったら自分で片づけさせよう」と思い、わざとそのままにしておきました。

夕方、近所の友人宅にいると、何台もの緊急車両が通り過ぎていきました。「何かあったのかねえ」と話していたら、携帯に小島中の総務の先生から連絡が入りました。「雄大くんが校舎4階から落ちたので病院に行ってください」というのです。どういうことかよくわからなかったのですが、とにかく下の子をその友人に預けて、タクシーで病院に急ぎました。その途中、

サッカー部のユニフォームを着た雄大くん

夫に病院へ来てくれるよう電話し、買い物に出ていた母には「ちゅう（雄大のあだ名）が学校でケガをしたみたいで病院に行くから、すぐ帰って他の子どもをみてて」と電話しました。この日、長男は高校受験の1日目でした。

病院で医師から言われたのは「死亡の確認をお願いします」という言葉でした。あまりの突然のことに、わけがわかりません。「父親が来るまで待ってください」と言いました。目の前にいる雄大は頭をひどく怪我していました。体を触ると温かく、普通に「ちゅう」と呼び掛けたと思います。よく覚えていませんが、叫んだりはせず、ただ、抱きついていたと思います。途中で主人が来たことと、雄大の友達からのメールで、私の携帯電話が何度も鳴っていたのは覚えています。

病院に来ることなく警察署に訪ねてきた校長と担任

その後、警察署に移動しました。私と主人は、雄大がどんな子どもだったか、どんな様子だったか聞かれた後、雄大がタバコを持っていて、そのための指導の直後、窓から飛び降りたらしいことなどを聞かされ、遺書のような走り書きがある雄大の数学のノートを見せられました。そこには、「オレにかかわるいろんな人　いままでありがとう　ほんとにありがとう」「○○（名前を挙げた友達）、りょうしん、ほかのともだちもゴメン」という走り書きがありました。その文字を見ても、すべて信じられないことでした。何があったのか、なぜ自殺したのか、朝まであんなに元気だった

遺書となった走り書きしたノート

のに。本当にかわいそうで、「これ以上、体を傷つけたくない」と思い迷いましたが、どうしても自殺と納得できず、行政解剖を決断しました。

このとき、初めて目の前のことが身にしみてきました。でも、家に帰れば、まったく状況を知らない母、明日も受験がある長男、まだ小さい長女がいます。何と言えばいいのか、考えましたが、長男にはこのまま知らせず受験をさせることにしました。そして明日の朝、長男を送り出すまで、取り乱してはいけないと自分に言い聞かせました。

調書にサインしなければいけないということでしたので、主人だけが部屋に入りました。もう深夜12時近かったと思います。すると、サインを終えて戻ってきた主人は「学校からの電話で、今から会いに来るので待っていてほしいと言われた」というのです。なんで今ごろ？　病院にも来なかったのに。怒りもありましたが、家に戻るための気持ちの準備に精いっぱいだったので、主人に会ってもらうことにしました。車で待っていると、ガタガタと震えが来て、初めて涙が出ました。雄大に対して「一緒に連れて帰れなくてごめんね」と思っていました。

戻ってきた主人は「担任のT先生が土下座して謝った」と言いました。教育委員会の人も含む何人もの学校関係者が来たようですが、なぜこんなことが起きたのか、警察から聞いた以上のことはわかりませんでした。

翌日の3月11日の朝、何とか長男を受験に送り出し、行政解剖が行われている大学病院まで行きました。解剖は昼過ぎまでかかり、「傷の状況から自殺ということで不審はないでしょう」と説明がありました。

警察の調べでも、転落したと思われる校舎の4階窓に残る指紋や雄大が残したメモから、自殺と結論づけられました。

この日は家族だけで過ごし、翌日通夜、翌々日に葬儀という段取りが、待っている間に決まりました。兄妹は、この日の午後、初めて雄大の死を知りました。

この夜、「保護者会に出てきた」という知り合いが突然訪ねてくれました。「保護者会のものを言わせない雰囲気と内容に頭にきた。自分たちにできることがあったらいつでも言って」と言ってくれました。

その後、テレビでニュースを見たという友人から電話がありました。私たちが知らないうちに開かれた記者会見で、M校長は「タバコのことを家の人は知っているのか聞いたら、知らないと言って泣いたので、家の人が知ったら悲しむだろうと心配して、先生が一緒に家の人に話そうと言った」というのです。おまけに、言った覚えもないのに「お父さんが、『うちの子は弱かった』と言っていた」「厳しくしかったりはせず、いい対応だったと思う。指導に行き過ぎはなかった」と発表していたのです。誰もそんなことは言っていないのに。

後から聞くと学校ではこの日の朝、緊急の全校集会が開かれ、校長は「生きてください。彼の短かった命の分まで」と言っていたそうです。

わびるだけの担任
不可解な行動をとる校長

教頭と、担任のT教諭が3月12日の午前中、雄大の学校の荷物を段ボールに入れて家に持ってきました。何故校長は来ないのか、T担任にもなぜ今まで来なかったのか聞きました。すると、「お母さんが先日会いたくないと言っていると聞いたので、お母さんの気持ちを考えて来ない方がいいと思った」というのです。それを聞いていた私の妹が怒り、「たとえ家に入れてもらえなくとも、謝りに来るという気持ちはないのか」と言って詰め寄りました。居合わせた友人らも泣きながら言葉を掛けました。T担任はただ土下座して「すみません」とだけ言っていました。しかし、何がすまないのか、なぜこうなったのか、何の説明もありませんでした。

午後、斎場に行くと、表の案内に「安達雄大」という名が書かれていて、突然、「これは本当のことなんだ」と現実が迫ってきました。そのときの思いは、言い表すことができません。

葬儀は、親しい人だけで行うことにしました。そのことを伝えていたにもかかわらず、斎場に来た校長は、「箸渡しに加わらせてほしい」「分骨してほしい」など、わけのわからないことを言っていました。

通夜、告別式には本当にたくさんの方が参列してくれました。会場の手配、準備など身内の少ないところを、サッカー部の皆さんの協力のおかげで無事済ませることができました。一番大きな会場だったにもかかわらず入り切れず、控室や階段、下の階までいっぱいになりました。男の子たちもみな声を上げて泣いていました。こんなにたくさんの人に思ってもらっていたのに、と思いました。雄大が好きな175Rの「手紙」という曲で、送り出しました。

90センチ四方のトイレの掃除道具入れでの指導もあきらかに

卒業式や3年生の入試の合格発表がすむのを待って、3月19日、初めて学校に説明を聞きに行きました。私たち夫婦以外の冷静な判断ができる人がいたほうがいいと思い、友人の弁護士の方にも参加していただきました。学校側は校長らと関係者、教育委員会の方々がずらりと並んでいました。

ここでやっと、指導にいたる経過や指導内容を直接聞きました。事件直後に主人が説明を受けたときの事故報告書と同じものを使っていますが、雄大が涙を流したのは友達の名前を言わされた時だったこと、掃除用具入れでも指導されたことなど、いくつか違いがありました。

（上）アルミホイルの貼られた多目的室
（左）指導現場のトイレの掃除用具入れ

なぜ、職員室から離れた多目的室を使ったのか、密室での1対1での指導に問題はないのか、など聞きましたが、校長からは「そういう時もある」といった程度の答えしか返ってこず、自分たちに責任はないと言いたいのがひしひしと伝わってきました。40分という指導時間の長さから、もっとやり取りがあったのではないかと思いましたが、たいした説明はなく、なぜ雄大が自殺しなければならなかったのか、わかりませんでした。

指導に関する説明は結局、T担任からだけで、他に誰もいなかった以上、本当のことは何もわからないのです。それで、子どもたちからの聞き取りなどを含めて背景など調査してほしいとお願いしましたが、「いま子どもたちは動揺しているので、聞くことはできない」と断られました。

学校に行くだけでも苦しいのですが、その時はとにかく事実を知りたいとの思いで、掃除道具入れ、多目的室、飛び降りた窓などを見て回りました。指導の現場を見て最初に驚いたのは、トイレの掃除道具入れでした。掃除道具を入れる場所で、中は90センチ四方、ドアの上が開いているとはいえ、電気はありません。身長180センチ程の大柄なT担任と、身長170センチの雄大が入ると、密着したまま身動きできない状態になります。なぜ、こんな場所に入る必要があるのでしょう？

私は日ごろ、サッカー部の保護者代表としてよく学校に行っていたので、教室の位置関係などある程度わかっていましたが、アルミで覆われた多目的室の存在は知りませんでした。初めて校舎に入った主人は、1階の手前に職員室があり、その並びにちゃんと指導室は設置されているのに、なぜ遠い3階の奥にある、しかも異様な空間の多目的室で指導したのか、なぜ暗く狭い掃除道具入れに入ったのか、不可解だと言いました。この時初めて「おかしい」と感じました。

「雄大くんは以前から悩んでいた」と保護者会で発言したカウンセラー

亡くなって2週間ほどたった3月23日の夜、雄大の学年である2年生の学年別保護者会で問題が起きていました。この保護者会が開かれることは聞いていましたが、私は呼ばれてはいませんでした。

保護者会に出席した保護者の方から連絡があり、「ちゅうちゃんは以前から悩んでいたの？」と聞かれました。「悩んでなんかいないよ。指導しか原因は考えられない」とすぐ否定したところ、「そうだよね。そんなことないよね。実は昨日の保護者会で、ちゅうちゃんが『以前から悩んでいた』という発言がカウンセラーからあって、参加していた保護者の多くが、『そうだったんだ』と変に納得した感じになった」というのです。また、私たちが知らないところで、ありもしないことが公の場で語られていました。雄大はカウンセラーに相談に行ったことなどないのです。

後で市教委を通してこのカウンセラーに面談し、発言について問いただすと、「雄大くんがどうのというのではなく、あくまで一般論を言った」というのです。しかし、この保護者会以降、どんなに私たちが否定しても、保護者や教師、さらにはT担任までが「悩んでいたことに気がつかなくてすみません」と言うようになりました。これでは、再発防止はまったく行われず、指導の見直しも、教師の反省もなされず、また同じ過ちを繰り返させることになります。

新しい事実の出ない学校からの2回目の説明内容のない事故報告書

3月29日、学校から2回目の説明があるというので、子どもの心理の研究者としての立場で、神戸大の広木克行教授にも出席していただきました。広木教授は、私が長崎総合科学大学の学生だったときに授業を受けていた関係もあり、同席をお願いしたのです。

新しい事実はこの時も出ませんでした。ただ、これまでの説明で学校から「これが通常のやり方だ。マニュアルに沿っており問題ない」と言われていたことも教育の専門家が入ったことで、何がおかしいのか、少しわかりました。そしてこの時初めて、広木教授の助言により「事故報告書」というものがあり、情報公開で取り寄せることができることを知り、早速その手続きを行うことを決めました。

この時、T担任本人が認めたそれまでの生徒に対する暴力についての処分、雄大の件を調査し、その結果により行う処分、校長からマスコミや保護者に対して公の謝罪や訂正なども行うと市教育委員会（以下、市教委）の発言がありました。私たちはこの席で、公正な専門家による第三者機関でのしっかりとした調査、検証をお願いしました。

4月15日、長崎市教委が事故報告書を開示したので、受け取りに行きました。指導の内容はほんの数行だけ。それも、時系列を記録した3ページ程度のものと、2度の説明会の会話が記されたものでした。人が一人死んでいるのに、たったこれだけしか報告が書かれないことに驚きました。

この頃、私たちが雄大の自殺の件で納得していないということが大きく報道されました。私も報道されることには非常に恐怖があり、勇気と強い覚悟が必要でしたが、何よりも報道されることで少しでも事実が明らかになればと考えました。

すると市教委は、「第三者機関は作れないが、納得するまで調査をする」とマスコミに対して言ってくれました。そのうえで私たちに、「何を調査してほしいのか」といってきたのです。何を言ってくるのか、と驚きましたが、雄大の自殺について、おかしいと言ってくださる元教師の方々や、協力してくれる保護者の方に相談しながら、この時点で私たちが知っている情報をもとに再調査、要望書を寝る間も惜しんで作りました。でき上がるまで、2カ月かかりました。

雄大の机と一緒に3年生に進級したいと言ってくれた同級生たち

2004年4月、学校は新学期が始まり、29日には四十九日の法要もすみました。この間、子どもたちは毎日ずっと、何十人も家に来てくれていました。学校での雄大は、家にいる時以上にいいヤツで、友達から信頼されていることがよくわかり、嬉しく思いました。校長や担任らが来て話した後、誠意が感じられない対応に私が落ち込んでいると、「あんな人たちを教師だと思わない方がいいです。私たちでよかったらいつでも愚痴言ってください」などと、励ましてくれることさえありました。サッカー部の子は知っていますが、多くは雄大が亡くなってから初めて会う子どもたちでした。彼らも学校での不満を出しに来ていたのかもしれません。私は彼らにずいぶん救われました。

彼らは、雄大の机を3年生になっても一緒に持って上がりたい、と学校にお願いしていました。私もそれを聞き、彼らの気持ちを大事にしてほしいと校長に伝えていました。最初に校長から机の報告が来た時、「どこに置くか話し合い、サッカー部の部室とか、廊下に置こうかとも考えたが、寂しいので3—5の教室に置きます」と言われました。部室や廊下？　しかも3—5というのは空き教室です。そこにぽつんと置くのはもっと寂しいのではないかと思いました。そんな言葉を平気で私に言う無神経さに腹が立ちましたが、我慢して「子どもたちがそれでいいならかまいません」と答えました。でも、家に来た子どもたちから不満の声を聞きました。「Tが机に貼ってある雄大の名前シールを破って剥がした」とか「知らないうちに3―5に置いてあった」などです。彼らは、「TやI学年主任に言いに行くけど、『先生の立場もわかって』とか言って、まったく聞いてくれない」と怒っていました。

その後、何度か学年の教師間で話し合われたようですが机の置き場は決まりません。そのうえ、友達の女子生徒が、「学校に残る雄大くんのものは机しかない。忘れたくないから、雄大くんの机を、どこかのクラスに入れてほしい」と訴え、友人と署名活動をしてくれました。「思い出してつらいから」と断る生徒もいたそうですが、2週間で約150人分が集まり、校長に提出してくれました。

子どもたちが机の話をしている時、ちょうど家に来た他学年の教師が「これでは逆に子どもたちの思いを傷つけてしまう」と、やっと学校全体の問題にし、全学年の教師も交えて話し合ってくれました。子どもからも意見を聞き、2カ月近くたった5月下旬、やっと教室が決まりました。

それでも、教室の前に置いてカバーを掛け、花を飾ったりするので、「あれではちゅうの机じゃない、タダの花瓶置きだ」と生徒が怒ってしまい、また問題になりました。私が教室の机を見に行ってみると、彼らが言っている意味がわかりました。そのことを先生方に伝えると、机は一番後ろの席に、みんなと同じように置かれることになりました。

その後、雄大の机に給食を置いた子が呼び出されて何時間も叱られたこともありました。置いた子が「自分の家でお供えするのと同じに、当たり前のことをしただけ。なぜ置いたらダメなんだ」

と言うのに、「給食費を払ってないから」などと教師が言ったため、余計におかしくなったようです。どこまでも子どもとの心の間に距離があることを感じました。

9月10日の「再調査、要望書」に対する回答

市教委が7月5日に行った同級生ら19人への聞き取り、7月末に同学年の先生方からの聞き取りでは、T担任が過去の暴力を認め、雄大が落ち込んでいた様子、I教諭との関係がうまくいっていないことなどがわかりました。

報告書には、こんなことが書かれていました。

3月10日の掃除の時間、雄大くんは友達にライターを見せているのを担任のT教諭が見つけた。担任は雄大くんをトイレ入り口にある掃除用具入れの中に連れて入り、話を聞いた。雄大くんのポケットにあるタバコを見つけ、雄大くんが喫煙を認めたため、放課後に改めて聞くことにした。放課後の午後4時半頃、担任と雄大くんは3階の多目的室に移動した。担任は黒板に「いつから、きっかけ、どこで誰と」と書き、「正直に書くように」と白紙を1枚手渡し、多目的室を出た。約10分後、雄大くんは「10日ぐらい前から」「どんな感じか知ってみたかった」などと書き込んでいた。

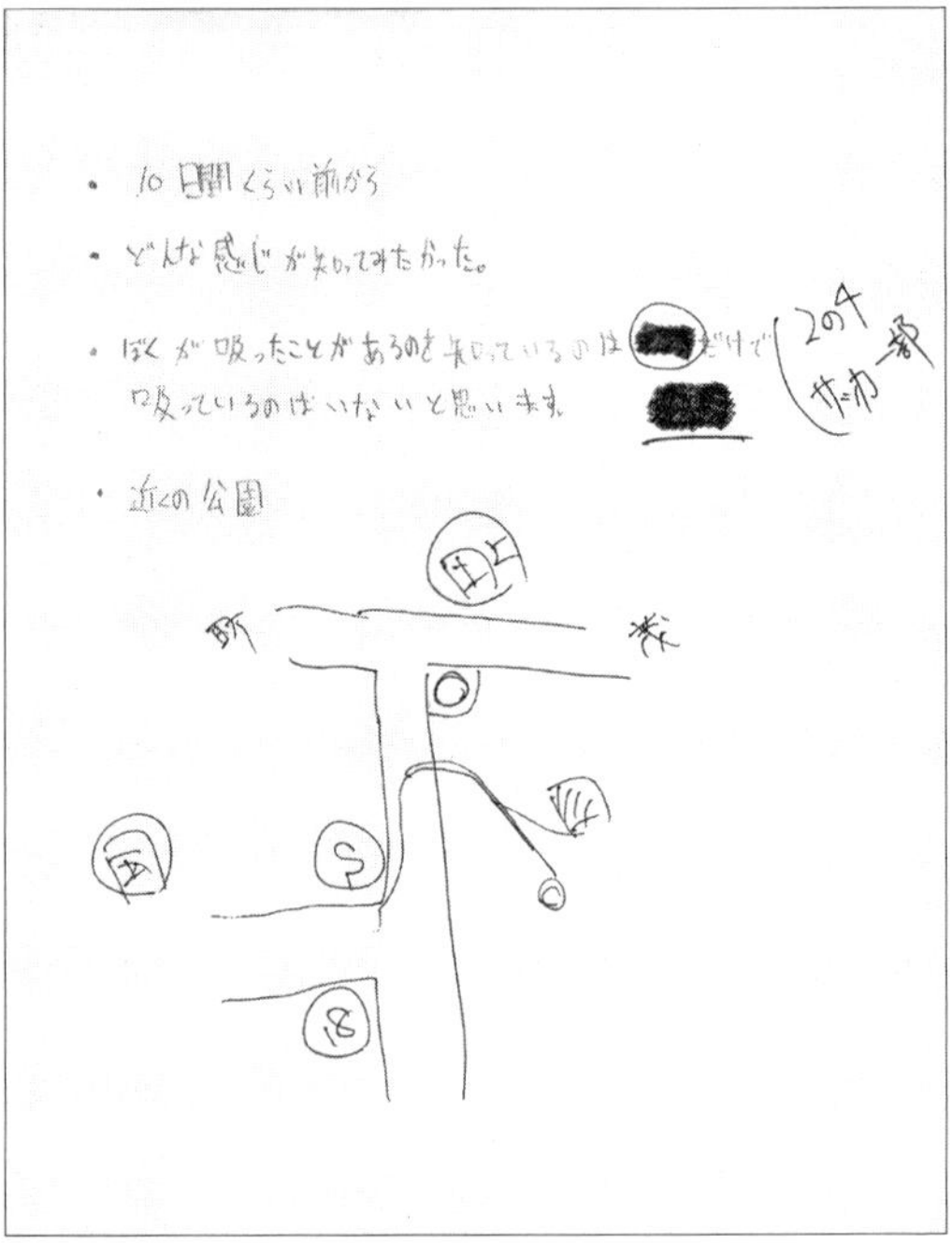

指導の中で雄大くんが書いた紙（地図等は担任のメモ）

担任は「両親が知ったらどう思うか」と続け、「私が一緒に行って両親に報告しよう」と話した。雄大くんはサッカー部の部活動停止を心配し、「部活はどうなるんですか」と聞くと、「明日顧問の先生に話しなさい。よく素直に話してくれた」と言い、午後5時20分ごろ、家庭訪問の準備と学年主任を呼ぶために再度部屋を出た。数分後、学年主任が多目的室に入ると、雄大くんが「トイレに行きたいんですが」と言ったため、「行ってきなさい」と了承。遅れてきた担任と待ったが、戻ってこないため捜したところ、４階手洗い場の窓が開いているのに学年主任が気づいた。窓から下を見ると、雄大くんが倒れていた。

私は、なぜトイレの道具入れや多目的室に入れたのかを聞きました。その答えは「人目につかないように」ということでした。多目的室についても、T担任が気にしているのは「人目につかないように」ということでした。でもT担任は、修学旅行の時に服装が乱れている悪い例としてみんなの前に雄大を出してチェックし、見せしめのように注意するなど、日ごろ何かと目をつけ、シャツが出ている、名札がゆがんでいるなど、みんなの前で雄大を注意していたのでした。

ライターを見つけた時は何人かで遊んでいたのですから、その場でみんなから事情を聞くのが普通でしょう。なぜ雄大だけ、いきなり人目につかない場所に連れていくのか分かりません。雄大は、T担任が暴力を振るうことも知っており、以前にも怖い思いをしているT担任と二人で入ることに、どんなに恐怖を感じたかと思うのです。

道具入れから出てきた雄大は、「みつかった」「部停になるかもしれん」「Tから殴られる」「ヤバイ。死ぬ」「パンチしたらかわす」「遺書、書こうかな」「やばかったら飛び降りる」などと言っているのです。そして教室に戻ってからもサッカー部の友人らに部活動停止になることを謝り、「死ぬしかない」などと言っています。

掃除道具入れでどんなやり取りがあったのか、いきなりそんな言葉が出るほどのどんな心の負担があったのか、せめて教育者として一緒に考えてほしいと思い、どう思うか校長に聞いたところ、「自分も道具入れに入ってみたが、ここに入ったらなぜ死のうと思うのかわからない」という的外れな答えが返ってきました。

雄大は、死を意識するほどの重い気持ちを抱えたまま、全面にアルミ箔が貼られ、外も廊下も見えない「お仕置き部屋」とも呼ばれる多目的室に連れて行かれたのです。そしてここで、さらに心の負担の重い、親友の名を言わされる目に遭いました。

「君だけ叱られるのは不公平だから、一緒に吸っていた人、あるいは吸っているのを知っていた人はだれか」とT担任は聞き、雄大は泣きながら、自分がタバコを吸ったことを知っている友達の名前を口にしました。友達を密告する行為は、子どもたちが一番嫌がる行為です。思春期の、親よりも友達が大切な年ごろであり、雄大も友達をとても大切にしていました。自分が名前を口にしたことで、その友達がその後、どんな指導を受けることになるか、気にならないはずはありません。

暴力的な叱られ方をされT担任を嫌悪していた雄大

1年の時、暴力的な叱られ方をしてから、雄大はT教諭を嫌っていました。とても憤慨した様子で帰ってきたその日、どうしたのか聞くと、自分はいじめていないのにいじめたと決めつけてT教諭が頭ごなしに叱ったというのです。頭に来て反抗したら、いきなり走ってきて「なんや、その態度は」と襟首をつかまれ、がんがんと強く壁に押しつけられたそうです。

「違うと何回言っても、あの先生は自分たちの話をまるで聞いてくれない」

そう言って怒っていました。当時、雄大の身長は150センチ台で、大柄なT教諭に襟首を捕まれると宙吊り状態になり、苦しく、怖い思いをしたようです。私は翌日学校に行き、その時の担任に事情を確認してほしいと伝えました。そんなことがあったので、2年になり担任になってからも嫌がっていました。

後日、T教諭に話を聞いた時、密告の強要で雄大の心が傷ついたと思わないか尋ねると、「チクリととるか、よく言ってくれたととるかは捉え方の問題で、悪いことをしたのだからチクられても仕方がないと思う。自分はそれで傷ついたりしないからわからない」ということでした。思春期の子どもを預かる先生がそう答えることに驚きました。

校則違反に対して部活動停止の連帯責任をとっていた長崎市の学校

長崎市では、生徒が買い食いなどの校則違反をした時、その生徒が所属する部活動停止という連帯責任を負わせており、報告書には当時、長崎市内の中学校31校中30校が行っているとありました。特に小島中のサッカー部は雄大の事件前、一度は部活帰りに買い食いをしたことで、もう一度は学級内の問題で、数カ月の間に2度も、それぞれ1週間の部活動停止になっていました。さらに、その期間には朝早く学校に行き、体育館の掃除や草むしりなどの奉仕活動をさせられました。子どもたちにとって大好きな部活動を停止させられることは本当に悔しい思いをする上、まして雄大は自分が原因で部活動停止になったらみんなに迷惑をかけることになるのを、よくわかっていました。

長崎市教委は雄大の事件があった後の２００４年４月、全市立中に部活動停止の運用について再度検討するよう要請し、数校が連帯責任としての部活動停止を見直したそうです。そもそも、部活動をしていない子には罰がないという不平等な決まりだったのですから、見直して当然のことと思います。

調べてみると、長崎県では指導が原因と思われる自殺が、過去に何件か起きていました。1999年、「トイレに行く」といって自殺した同じ小島中の卒業生もいました。小島中学校の生活指導の先生や、退職した先生たちから、逃げ場のない叱り方をしてはいけない、子どもを指導する時に一番注意するべきなのは、指導後の子どもの様子だという話を聞きました。

雄大のことをいつまでも忘れずにいてくれた同級生たち

同級生たちは月命日には欠かさず集まってくれました。お盆には、雄大の同級生やサッカー部の仲間たちが手伝ってくれて、雄大の遺影を掲げた精霊舟を一緒に流しましたし、クリスマスには「ずっと友ダチ」と書いた手づくりのクリスマスツリーを持ってきてくれました。

一周忌の3月10日、同級生たちは高校受験の2日目でした。受験がなくて昼間に来てくれた子、試験を終えてから来てくれた子、たぶん100人を超す子どもたちが、雄大に会いに来てくれました。お墓にも大勢、行ってくれたようです。事件があった時刻、お花を持って主人と学校に行くと、PTA役員や先生方がずらりと並んでいました。私は先生方に、「ありがとうと言って逝った雄大を誇りに思っていること、そして雄大は悩んでいたのではなく、指導によって死んだのだということ、先生方は間違った指導をしたら子どもが死ぬこともあることを知っていてほしい。そうすることで防ぐことができる」というようなことを言いました。泣きながら、そう訴えるのが精一杯でした。

その4日後の3月14日には、同級生が企画して、学校の体育館で雄大の卒業式をしてくれました。家族全員で出席させてもらいました。3年生全員と3年生の先生方が揃っていましたが、T担任はいませんでした。雄大役は、雄大の制服を着た仲の良かった子。先生役の子に名前を呼ばれて壇上に上がり、みんなが手づくりしてくれた「3年間ありがとう　同級生一同」と書かれた賞状をもらい、送辞を読み上げてくれました。すべての役を子どもたちがやってくれて、心からありがとうという感謝の気持ちでいっぱいになりました。みんな泣いていました。

でも、3月16日に行われた本当の卒業式では校長が雄大の件に触れることはまったくありませんでした。参列することは伝えていたのに、挨拶さえ交わされなかった主人と私は、表現しようのない思いで帰ってきました。

子どもたちはいつも雄大のことを「忘れたくない」と言ってくれます。でも、この年の1月、学校の体制に疑問を持った新聞記者の方が取材を申し込んだ時、校長は「忘れようとすると記事が出る。同級生は受験と卒業を控えており、そっとしておいてほしい」と言ったそうです。忘れたいのは子どもではなく、学校側なのではと思わざるをえない対応ばかりが続きます。

受験を終えた同級生のみんなへの感謝を込めて、3月26日に長崎ビューホテルで追悼集会を開きました。みんなが考えてくれたタイトルは「It's miracle to meet us together〈この長い人生の中、きみに出会えたことは奇跡だと思うんだ〉」です。毎日のように来て準備を手伝ってくれた同級生もいます。同じように指導が原因で亡くなった子どもたちのパネルも展示し、たくさんの方の協力で心に残る会になりました。

雄大の死を「自殺」ではなく「事故」で処理した市教委

県教育委員会（以下、県教委）に何度も相談に行くうち、市教委から県への報告が「自殺」ではなく「事故」になっていることを知りました。毎年統計が出ている文科省の自殺児童の数にも入っていないということでした。市教委とはずっと自殺ということで話していましたし、警察も自殺と判断し報告が終わっています。まさか、事故で処理されているとは思っていませんでした。

県教委に「自殺」として文科省に報告をあげてほしいと頼みましたが、年度をまたいでしまっているので、もうできないということでした。市教委に話をしに行くと「自殺と言ってほしいのか」「ご両親が事件直後、自殺をするような子ではないと言っていたから」などと言われました。私たちだって、自殺を強調したいわけではありません。でも、事実として「自殺」です。子どもの死因は、その子にとっての大切な記録です。いい加減に済ませてしまっていい問題ではありません。

当事者に何も知らせずに、都合のいい情報に作り替えてしまう行政の体質を、ここでも感じました。新聞社の調査では、雄大以外の事案でも「事故」で処理されているものがあるということでした。

2005年9月、わずか1カ月の間に長崎県で7人の子どもの自殺が続きました。事故が起こってもきちんとした調査をしないばかりか、事実さえも都合よくねじ曲げて報告してしまう教育行政の姿勢が、こうした事故の連鎖を招いているとも感じました。

雄大の身に何が起こったのか ただそれを知りたくて提訴を決意

質問書や要望書を何度提出しても知りたいことを教えてもらえないことから2005年8月22日、長崎地裁民事部に「行き過ぎた生徒指導が自殺の原因」として、市に損害賠償を求めて提訴しました。

引き受けてくれる弁護士をどうやって探したらいいのか、右も左も分からない状態での決意でしたが、神戸を中心に活動している〈全国学校事故・事件を語る会〉の方々が応援、協力してくださったので、その力を借りて陳述書を書き、公判に臨みました。

10月3日に初公判、11月14日に第2回公判、2006年1月15日に第3回公判、2月5日に第4回公判と続き、5月29日の第5回公判ではT教諭の証人尋問が行われました。第8回公判の2008年1月28日、私の最終意見陳述まで続きました。

判決が出たのは2008年6月30日。残念ながら、請求はいずれも棄却されました。ただ、判決文には「教育的配慮を欠いた指導だった」「事実確認の一面に偏った指導であった」「いずれも雄大に謝罪や自責の念を強くさせるような内容」「T教諭の指導がなければ自殺しなかったことは明らか」「指導と雄大の自殺との間には事実的因果関係があると優に認められる」といったことが書かれていました。

雄大の死を自殺と認め、「生徒指導と自殺との事実的因果関係」が認められました。納得はしていませんが、事実的因果関係が認められるだけでも、この種の裁判としては価値のあることとも言われ、控訴しないことにしました。

判決後も残りつづける私たちと市教委との壁

判決は出ても、私たちと市教委との間には、まだ大きな壁が残っていました。

2008年10月、雄大が亡くなった2003年度の長崎県の公立中学生の自殺者数が「0」から「1」に修正されたことを知りました。市教委に問い合わせたところ、口頭では修正を認めました。その後、改めて情報公開請求した結果、2009年4月23日、ようやく修正を文書で確認できました。

そのうえ2009年5月、市教委が私たちに知らせないまま、2007年1月に県教委を通じて文科省に「自殺」と修正報告していたことが新聞報道でわかりました。毎日新聞には、「『06年末に文科省発表の自殺者数と警察庁発表の自殺者数の違いが問題になったため』と説明。遺族への説明については『修正時は裁判中で遺族に報告しないほうがいいと判断した』」とありました。

さらに、公開された文書によると、雄大の自殺の原因や背景は「全く不明」とされ「その他の自殺」に分類されていました。そこで私たちは、自殺の原因を「教師の叱責」に修正するよう、6月に要望書を提出しました。

要望書では、①文科省に報告した雄大の自殺理由を「教師の叱責」に変更 ②死因を「転落事故」としている市教委の事故報告書にも「自殺」と記載 ③「自殺」でも「事故」とされてしまう市教委のシステムを見直し、当事者や保護者の意見を取り入れるなど改善することなどを求めました。

6月11日、市議会の一般質問を傍聴に行きました。馬場豊子・市教育長は「自殺原因を教師の叱責と特定するには至らなかった」と答弁。議会終了後、「(長崎地裁の)判決文で『指導がなければ自殺はなかった』という因果関係は認められたが、『指導のせいで自殺した』とまでは認められていないと理解している」と言いました。

雄大が亡くなって丸9年になろうとする2013年2月現在も、文科省統計の雄大の自殺原因は「不明」のまま。「教師の叱責」への修正は行われていません。文科省が「修正の報告があれば統計を改める」と言っているにもかかわらずです。

カンニングを疑われ長時間の事情聴取――井田紀子

井田将紀（高校3年生・17歳／埼玉県）
2004年5月26日、隣街のマンションの立体駐車場から飛び降りる。

（教員は仮名）


「ほんとにほんとに迷惑ばっかかけてごめんね」

17時43分着信の私宛てのこのメールが、将紀の最後のメッセージでした。

埼玉県立所沢高校3年生だった将紀は、中間試験でカンニングを疑われ、約2時間にわたって、教員5人による事情聴取を受けました。

その後、学校を出た将紀は家に戻り、そして再び家を出て、隣街のマンションの立体駐車場から飛び降りました。

◆中間試験の物理の試験中に日本史のメモを見ていた。
◆試験監督はこれを見てカンニングを疑った。
◆試験後、５人の教師が入れ替わり立ち替わり約２時間の事情聴取を行った。
◆本人が否定しているのにもかかわらず、繰り返しカンニングを疑った。
◆事情聴取の間、昼食はもとより水分の補給、トイレ休憩などは一切なかった。
◆隣街のマンションの立体駐車場から飛び降りる。

誰とでも仲良く遊ぶことのできた将紀
祖父母に回転寿司をごちそうした将紀

将紀は、1986年8月15日、3400グラムで生まれました。赤ちゃんの時からよく眠る子で、授乳の時でもなかなか起きなくて、わざと掃除機をかけたり音楽を大きめの音でかけたりしてもなかなか起きませんでした。

将紀の2歳上には兄がいましたので、小さいときからずっと一緒に遊んでいました。兄の友達からは弟のようにかわいがられていました。将紀は次男のせいか、誰とでも仲良く遊ぶことができて、時には女の子とおままごと遊びをしたこともありました。兄も将紀も友達が多く、我が家はいつも子どもたちでにぎやかでした。

将紀は小学校時代に少年サッカー団に入り、ゴールキーパーをしていました。恥ずかしがり屋の将紀が、試合では大きな声で指示を出したり、檄を飛ばしたりしていたことに驚きました。

自宅近くには円形広場があります。この広場は、将紀がハイハイをしたり、よちよち歩きをしたり、三輪車や自転車の練習をしたりした、思い出の場所です。大きくなってからは、ローラーブレードで滑ったり、野球やサッカーをして遊んだ場所でもあります。私がベランダから「ご飯だよ」と声をかけると急いで帰ってくる、そんな毎日でした。

この広場では、夏のお祭りも開かれました。将紀はお祭りが大好きで、友達と遅くまで祭りを楽しんでいました。小学生の時には獅子座流星群を見るといって、寒い夜に何時間も友達と一緒に土手に座り込んでいたり、高校生になると友達と花火を楽しんだり、イベントを楽しみにしている子でした。

将紀はまた、優しい子でもありました。高校生になってアルバイトをした初めてのお給料で、祖父母に回転寿司をごちそうしました。それも「突然行っておじいちゃんおばあちゃんを驚かすんだ。その方が感激するでしょ！」と連絡もせずに出かけていって、あいにく留守だったために外で2時間ほど待っていたそうです。高校2年生の時の北海道への修学旅行も、限られたお小遣いの中から祖父母にカニを贈りました。

高校２年の将紀くん

会計士になることを夢見て
大学進学を真剣に考え出した高校3年の春

将紀の背丈は中学2年生頃まではクラスの真ん中くらいでした。でもその後ぐんぐんと伸び出して、高校生になると身長が１７０センチを超え、さらに、高校3年時には兄と同じ背丈の１８０センチとなり、兄に対しても以前よりしっかりとした態度をとるようになってきました。将紀は、中学の時よりも高校に入ってから成績が伸びてきたこともあり、自信に満ち、のびのびとした高校

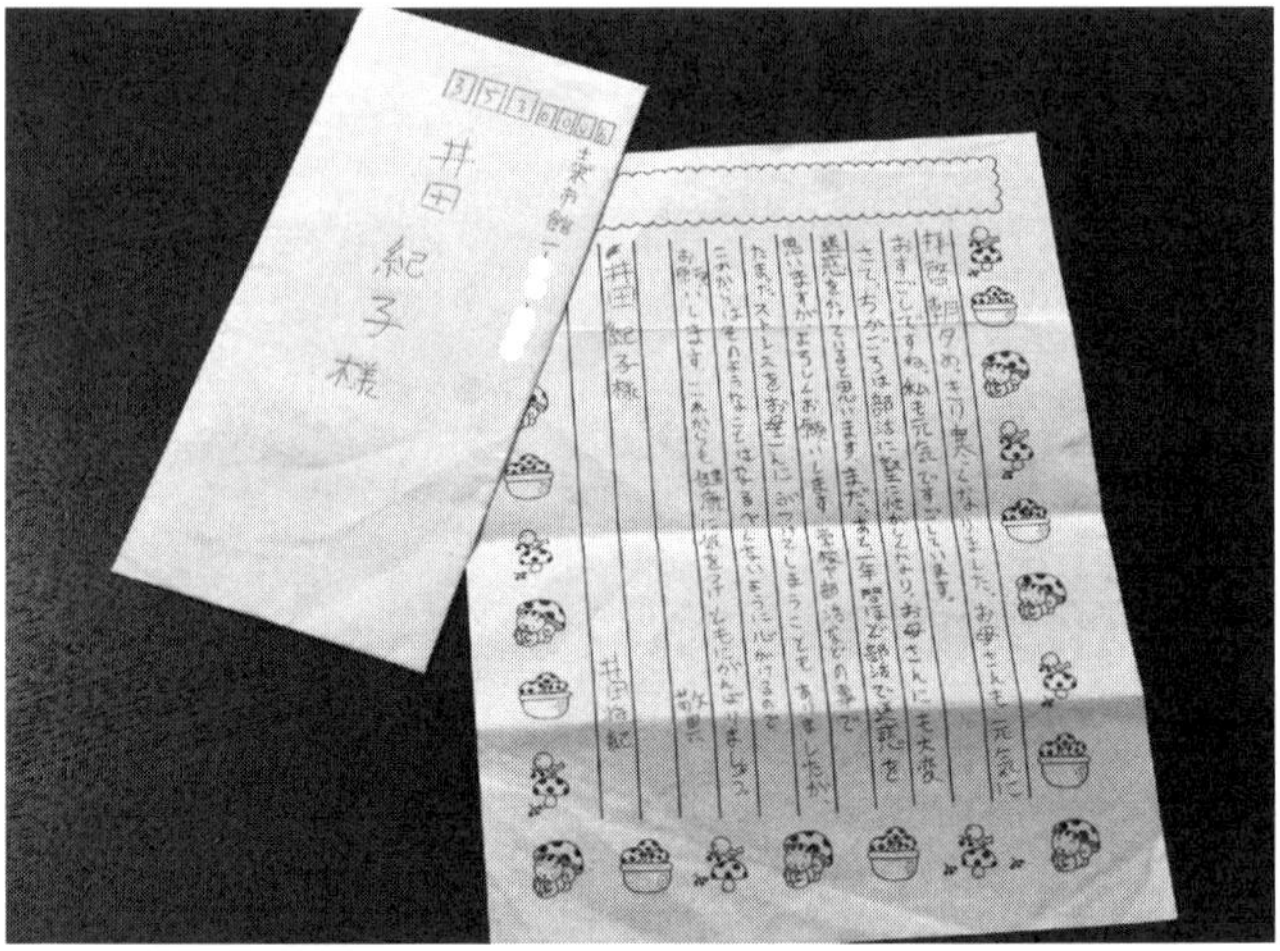

小学生の時に将紀くんが書いた母親への手紙

生活を送っていました。

将紀が志望して入学した県立所沢高校は、文化祭や体育祭が盛り上がることでも知られ、文武両道で私服通学の自由な校風です。入学式も、学校側主催の「入学式」と生徒会主催の「入学を祝う会」の二つがありました。髪を染めている子どもも多く、茶髪はもちろん、紫色に染めている子どももいました。とはいえ、こうした校風を「正常化」しようとする動きもあり、ある種の締め付けも進みつつありました。そんなこともあって将紀は、「先生はダメだけれど友達は最高！」とよく口にしていました。

大学に進学することは高校入学の時から決めていましたが、塾に通うことはしていませんでした。それでも高校3年生になると受験を真剣に考えるようになったからでしょうか、「英語がダメだから、できたら個別指導の塾に行きたい。塾は自分で探すから」と言ってきました。母子家庭でしたので経済的には大変でしたが、将紀が自分で決めたことなので、頑張ってほしい気持ちもあり、応援することにしました。塾での初めての面接には私も同席しました。高校での成績や希望の大学の話をすると、塾の先生は「もっとレベルの高い学校でも大丈夫」と言ってくれて、将紀がとってもうれしそうな顔をしたのを覚えています。

それまでは、学校推薦で進学するとか沖縄の大学に行くなどと言っていましたが、塾に行くようになってからは、横浜国立大学に行って会計士になる目標を立てました。大学には神奈川県の相模原にある将紀の祖父母宅から通うと決めると、祖父母もそれを聞いてとても喜んでいました。

2004年5月26日
元気に家を出て行った将紀の突然の死

2004年5月26日の朝、将紀は高校3年生の1学期の中間試験の最終日でした。

「行ってきまーす。今日は体育祭の結団式があって、学校から帰ったらゲームして寝るから、夕飯の時でも寝ていたら起こさないでね」

こう言って将紀は、いつものように元気に登校していきました。私も「分かった、気をつけてね」と送り出しました。

これが最後になりました。

夕方6時過ぎ、勤務先に電話が入りました。

「将紀くんが道に倒れているところを発見され、防衛大学病院に運ばれました」

命に別状はないからとも言われましたが、それは私を安心させるためのものであることが後に分かりました。私は、勤務先の東京の成増から埼玉県所沢の防衛大学病院までタクシーで向かいました。同僚の女性がひとり同行してくれました。タクシーの中で携帯電話を確認すると、将紀からのメールが届いていました。

「ほんとにほんとに迷惑ばっかかけてごめんね」

17時43分の着信でした。

ただごとではないことが起こったと、体に震えがきました。同僚は「大丈夫だよ、不吉なことを考えたらダメだよ」と励ましてくれました。私は、ただ一心に「助けてください」と祈り続けました。病院には午後7時過ぎに到着したと思います。病院には学校の先生が何人かと、クラスメイトの内池くんたち3人が既にいました。将紀の兄もしばらくして駆けつけました。

将紀は、骨盤骨折による大量の出血で、病院に運ばれた時には心肺停止状態だったそうです。手術して心臓を直接マッサージしたがだめだったと聞かされました。ICUの治療台に寝ている将紀と対面した時には、泣きはしましたが、ドラマのように泣き叫びはしなかったと思います。それよりも、将紀が死んでしまったことが信じられず、目の前で起こっていることが現実のこととは受け止められませんでした。

顔にはほとんど損傷がなく、きれいな、眠っているような表情でした。自宅から離れたマンションの立体駐車場脇の道に倒れているところを、そのマンションの住人によって発見され、病院に

将紀くんの友人たちが書いてくれた寄せ書き

運ばれたとのことでした。警察の話では体の損傷具合から、高層建てのマンションからではなく3階建ての駐車場から飛び降りたのではないかということでした。

将紀は、高校生活を楽しそうに過ごしていました。その日の朝も何事もなく登校していき、「学校から帰ったらゲームして寝る」と言っていたので、原因はその日学校で起こったことしか考えられませんでした。病院にいらした学校の先生方に「学校で何があったのですか？」と尋ねると、2時間目の物理の試験中にメモ用紙を持ち込んだので、5人の先生が「事情聴取」をしたということでした。先生から「事情聴取」という言葉を聞いた時、犯罪者に対する言葉のようで、私は不快な気持ちになりました。

学校側から説明を受けている時、私の前には先生たちが横一列に並んでいました。その中に、妙に気になる先生が一人いました。その先生は腕組みをして片足を横に出す、「休め」の姿勢だったのです。

「失礼ですが、大変不愉快な態度に感じますが」と声をかけるとあわてて姿勢を正しましたが、この先生は霊安室で将紀の遺体と対面している時にも、両手を挙げて伸びをしていました。たまたまその時間帯に学校にいた先生にとって、将紀は直接関係のない生徒で、遅い時間まで付き合わされて迷惑だったのかもしれませんが、とても強い違和感を感じました。

その夜、物言わぬ姿となった将紀を自宅に連れて帰りました。自宅に向かう車の中で、まだ温かく柔らかさが残る将紀の手を握りながら、「まーくん」と何度も耳元で話しかけたことを覚えています。将紀が目を覚ますのではないかと、祈るような気持ちでした。「まーくん」は、将紀の愛称で、中学までは将紀のことを友達もこう呼んでいたのです。

5月28日のお別れの会には、300人くらいの人が来てくれました。将紀の友人だけでなく兄の友人も多く来てくれて、「あんなにみんなが心底悲しんでいる式は初めて」と私の友人が言ってくれました。また、髪の毛が茶色だったりする今風の若者たちが、暑い中、行儀よくしていて驚いた、と言った友人もいました。参列している子たちの様子を見て「将紀くんは本当にいい子だったんだね」と言ってくれた人もいました。献花が終わっても帰る人がいなくて、会場の周りはたくさんの人々であふれていました。

29日のお別れの会にもたくさんの人がきてくれました。見送る私のそばで将紀を乗せた車に向かって、中学の友人たちは「まーくん」と、高校の友人は「井田〜!」と何人もの友だちが将紀を呼び戻そうとするかのように、声をかけてくれました。私も、将紀を逝かせたくない思いで叫びたかったのを、みんなが代わりに呼んでくれているようでした。その声を聞きながら、将紀は、本当にたくさんの友達がいて愛されて人生を送ってきたんだと、しみじみと思いました。親としてそれは、せめてもの救いではありましたが、だからこそ余計にかわいそうに思いました。

なぜ将紀は死を選んだのか
学校からの説明では見えてこないもの

学校側からは、将紀の死後2週間ほど経った頃、将紀に対する指導内容などの大方を聞くことができました。しかし、学校側の対応は「事情聴取」によって生徒一人が死んだという事実をしっかりと受け止めているか、非常に疑問に思えるものでした。私には、「5人もの先生で1時間45分も事情聴取をする必要があったのか。そんなに多くの先生が、そんなに長い時間に渡って事情聴取をすれば、生徒にとって威圧的なものとなるのではないか」と感じられたのです。ところが、この点に関して先生方は「お母さんに指摘されるまでそれが威圧的であるとわからなかった」、「暴力的なことはしていないし、やっていない」というだけで、「事情聴取」に問題はなかったかのように言っていました。具体的に、どんな言葉が投げかけられ、将紀が追いつめられたのかもわからないままでした。たしかに先生たちは、将紀に直接手を下したわけではありません。でも、あの「事情聴取」がなければ、将紀が死ぬことはなかったとしか私には思えませんでした。

埼玉県教育委員会の方は、「担任は普通なら弁護士的な役割をするのに、将紀くんの場合はそれができていなかった。所沢高校は問題事案が少ないので、先生たちが指導に慣れていなかった。マニュアルもなかった」と言いました。

私は学校にお願いして、将紀を指導した1時間45分を再現してもらうことにしました。再現については、職員会議でもいろいろの意見が出たそうですが、「お母さんが望むことだから」と校長が発言し、実現したと聞きました。２００４年12月、再現を見るために知人と一緒に所沢高校に行くと、校長がジャージ姿で出迎えました。理由を聞くと、指導をした5月26日にジャージを着ていたので、同じ服装にしたということでした。

あの日と同じ教室で同じ先生によって問題の1時間45分が再現されました。長い沈黙の続く1時間45分でした。一人の先生が発言すると、長い沈黙が続き、また他の先生が発言する。この繰り返しでした。「空白の時間も、将紀の自主的な発言を待っていた」との説明でした。沈黙は長いものの、先生方の発言はよどみなく行われました。まるで何度も練習したかのように。

この再現で、当日どんな指導が行われたのか、少なくとも学校側の説明は確認できました。それは、次のようなものでした。

疑いから始まった5人の教員による長時間の「事情聴取」

将紀の最後の日となってしまった5月26日は、中間考査の最終日でした。1時限目の日本史の試験に続いて2時限目には物理の試験が行われました。その試験中に将紀が消しゴムに巻いたメモを見ているところを、試験監督の秋山教諭が見つけたのです。教諭はこのメモに物理の試験に関することが書かれていると思い、20分近くも将紀の横に立ち止まり、ポケットにしまったメモを出すように執拗に迫り、メモを取り上げました。さらに、将紀に対し、放課後あらためて事情聴取をするので残るよう言い渡しました。

秋山教諭が職員室に戻ってメモを確認したところ、そこには日本史に関連する記述はあるものの、物理に関する記載は一切ありませんでした。それでも、将紀が不正行為を働いていたと思い込んでいた秋山教諭は、担任の吉川教諭と3年生の生徒指導係の山本教諭に「将紀が不正行為をした」ので事情聴取に立ち会うよう連絡を入れました。さらに、山本教諭を通じて3学年生活係の高村教諭と2学年生徒指導係の三田教諭にも同じ連絡が入りました。

3時限目の試験が終わった後、12時少し前から視聴覚準備室で担任ら5人の教員が約2時間にわたって代わる代わる「事情聴取」を行いました。当日は所沢高校の重要な行事の一つ、体育祭の「結団式」が12時から行われていましたが、将紀はこれを欠席させられて事情聴取を受けたのでした。

視聴覚準備室は、暗室と小部屋に分かれていました。小部屋には机と椅子が置かれていますが、それ以外に余分なスペースはなく、5人の教員と将紀が座ると部屋はいっぱいの状態でした。

事情聴取は、試験監督の秋山教諭と高村教諭の2名によって始められました。秋山教諭は、将紀に消しゴムに巻かれたメモを持ち込んだ理由について、整理して紙に書くよう命じました。

将紀は「5／26（水）11：58　今朝、日本史でまとめたノートの一部がどうしても覚えられず、縮小コピーをしてしまった。しかし日本史のテストの席順が一番前だったのであきらめ、物理のテストを早々に終わらせて答え合わせというか確認をするために持ち込んだ」と書きました。

12時8分頃、三田教諭が部屋に入ってきました。そして、3人の教諭により将紀の書いた書面が回覧されました。その上で、将紀は書面を声に出して読むように命じられました。12時10分頃、ホームルームを終えたクラス担任の吉川教諭が視聴覚準備室に入ってきました。吉川教諭もまた、将紀が書いたメモを読みました。12時15分頃には山本教諭も部屋に入り、これで5人の教員がそろうことになりました。一つの机で、5人の教員に囲まれたのです。三田教諭は将紀にもう一度自分の書いた書面を読み上げるように指示をしました。

秋山教諭はさらに、将紀に試験が始まってからメモが見つかるまでの流れを書くように指示しました。将紀は「テスト中の物理の問題を解こうとしたがまるでわからず解くふりをして、（窓の）さんに置いておいた消しゴムにはっておいた日本史のコピーを見ていたが後ろから来た先生に見つかってしまいぼっしゅうされそうになったのであわててかくし渡すのをこばんだ。なぜかというと物理の時間に日本史をやっていたからと、それが見つかると日本史の時間にカンニングをしていると思われるのがこわかった。」と書きました。

秋山教諭はまた、「いつ頃どんなふうに置いたのか書いてみて」と指示をしました。将紀は「机に置いたのは物理のテストの左半分が終わったくらい、けしゴムを二つ置いていて他にケースを一コポケットに持っていた。一つの大きな方のにコピーが巻いてあった」と書きました。

1時限目の日本史の試験の監督であった三田教諭は、将紀にカンニングの事実があったかを確認しました。それに対して将紀は、メモを巻いた消しゴムを机の上に置いていたことを正直に話した上で、カンニングはしていないと答えました。三田教諭自身もカンニングを確認していませんでした。こうしたやりとりの間、担任の吉川教諭は一切発言することなく、様子を見ているだけでした。

12時50分頃、高村教諭が部屋を出て、事情聴取にあたるのは4人になりました。将紀は三田教諭の質問に対して最後の2行を紙に書き、これもまた4人の教員によって回し読みされました。こうしたやりとりによって、最終的に明らかになったのは、将紀が持っていたメモは日本史に関するものであり、1時限目の日本史のテストではそのメモを見ていないことでした。

否定しても否定しても
執拗に繰り返された疑いの問いかけ

でも、将紀がカンニングをしたと思い込んでいる秋山教諭は執拗に質問を続けました。

「出題者の先生が巡回に来る直前からずっと横で見ていたんだよ。物理の公式みたいに見えたので声をかけたんだけど?」

「私が見たときには物理の公式のようにも見えたんだが?」

「紙にアルファベットみたいなものは書いてなかったかな？」

「なぜ、声をかけたときに慌てて隠してしまったの？」

「物理の時間に日本史を持ち込んでいたことが分からないんですが、なぜなの？」

「なんで物理の試験が行われているときに日本史のまとめを読む必要があったの？」

「なにも他教科の試験中にやらなくてもよかったんじゃない？」

将紀は、自分が持ち込んだメモは日本史に関するものだけであること、物理の試験中に日本史のメモを読んだのは1時限目の復習、見直しをしていたこと、家でやるよりも試験中の方が静かで勉強するのにやりやすいことを伝えました。

秋山教諭が「なんか、その考えはおかしいと思うんだが？」と疑いを投げかけても「これが僕の考えですから」「これが真実ですから」と答えていました。

山本教諭は将紀にこういいました。

「今日のことを家に帰って親に話してください」

「君がお母さんに言った後に、担任の先生から連絡してもらいますから」

午後1時40分頃、秋山教諭、三田教諭、山本教諭が部屋を出て、視聴覚準備室には吉川教諭と将紀だけが残りました。

吉川教諭は将紀に言いました。

「日本史の席が一番前ではなく、後ろの方だったらカンニングペーパーを見ていたの？」

将紀が一貫して「試験に不要なものを持ち込んだだけで、カンニングはしていない」と訴え続けていたのを見ていたにもかかわらず、こう言ったのです。

そして、翌朝7時30分頃に家に電話すると伝えた後で、カンニングをしたと断定したように、

「今回のことを反省して、これをステップにしてしっかり頑張るんだぞ」

と、言いました。

すべての事情聴取が終わったのは、1時45分頃でした。12時少し前から約2時間の事情聴取でした。この日は中間試験の最終日で、おそらく疲れていたことでしょう。試験期間中は睡眠時間も削って、ほとんど寝ずに勉強していました。そんなときに、やってもいないカンニングを疑われ、狭い部屋で5人もの教諭に取り囲まれ、1時間45分もの長時間にわたって、執拗な質問をうけ、精神的にも追いつめられていったことは容易に想像できます。休息もなく、トイレに行くこともなく、ましてや昼食や飲み物をとることもできなかったのです。

事情聴取のあった5月26日は、とても暑い日でした。学校にクーラーはありません。将紀は喘息があるため水分を多く摂る子でした。試験に続く1時間45分、飲み物なしで過ごすのはつらかったのではないかと思います。事情聴取の行われた時間帯は、体育祭の結団式が行われていました。所沢高校の重要な行事である体育祭の結団式に参加できないことも、将紀の心の負担になっていたのかと思います。これに加えて、いつ終わるともわからない事情聴取。否定しても否定しても繰り返しカンニングを疑われること。これは将紀にとって、つらいのと同時に、行き場のない憤りを感じ

続けた時間だったのではないでしょうか。

将紀のような子がもう二度と出ないようにと考え決意した訴訟

「何もしないと、このまま終わってしまう」

将紀の死が、意味のないものになってしまうことが、私は漠然と嫌でした。そんなときに、新聞社から「西尾裕美さんという方が井田さんと連絡をとりたいそうです」と電話が入りました。記者に私の電話番号を連絡してもらい、その後、西尾さんと連絡をとり合うようになりました。西尾さんからは、神戸で開催される〈全国学校事故・事件を語る会〉のことを教えてもらいました。その会には全国から遺族が集まり、訴訟に関する情報も得られるということでしたので、2004年の8月だったと思いますが、初めて〈全国学校事故・事件を語る会〉に参加しました。

〈全国学校事故・事件を語る会〉には、滋賀県大津市の男子生徒自殺事件で第三者調査委員会の副委員長を務めた渡部吉泰弁護士が世話人のひとりとして参加していました。裁判をして勝てる勝てないではなく、将紀の事件に関してこのままで終わらせるわけにはいかないと思っていましたので、渡部弁護士に学校問題に詳しい関東の弁護士を紹介していただきました。それが、杉浦ひとみ弁護士でした。

杉浦弁護士を紹介していただけたのは、大変幸運だったと思います。というのも、普通は学校問題に詳しく、なおかつ一緒に戦っていける弁護士に出会うまでに大変な苦労をするからです。杉浦弁護士を弁護団長に、5人の弁護団の皆さんの協力を得て、学校設置者である埼玉県を相手取って訴訟に踏みきりました。

なぜ、将紀は死ななければならなかったのか。何が将紀を追いつめていったのか。具体的な説明が得られないなら、自殺の原因を探るために残されているのは裁判しかないと思ったからです。もちろん、私にとっての一番の望みは、将紀が還ってくることです。でも哀しいけれど、それは叶わぬ望みでした。そして、次の望みを考えると、将紀と同じような子が二度と出ないことでした。こんなに悲しい、つらい想いをするのは、私たちで絶対に終わりしてほしいと思いました。そのためにも訴訟しか方法はなかったのです。

訴訟をおこしたとたんに変わった被告側の態度と発言

訴訟を起こしてから、被告から提出された準備書面には、事実と違うことや、訴訟を起こすまでは言われていなかったことが、数多く述べられていました。

なかでも一番驚いたことは、将紀の自殺について被告側が、自殺ではなく何かの事件に巻き込まれたものではないかと主張してきたことでした。学校は当初から将紀の死を自殺によるものと判断していました。その証拠に、学校が最初に作成して保護者に配布した5月31日付けの「保護者宛の通知」には、「自ら命を絶つという痛ましい事故が起こった」と書かれています。また、将紀の死後、何人もの学校の先生たちや教育委員の方と会いましたが、ただの一回も将紀の「自殺」を否定する発言はなかったのです。それが裁判になって初めて「自殺」ではなく「事故」あるいは何かの「事件」に巻き込まれたのではないかという主張に変わっていました。

これを知ったときには、驚くとともに非常に不愉快な気持ちになりました。学校関係の事件で子どもを亡くされた、たくさんの遺族たちが、被告側から心ない仕打ちを受けているのを知っていましたが、同じ体験を自分もすることになったのです。訴訟を起こすまでは、所沢高校の先生方や私が会った教育委員会の方たちに、さほど不信感を持っていなかったのですが、やはり他の事件の学校関係者と同じなのかと思い、失望しました。

そして、この「保護者宛の通知」の内容についても、私が強制して事実関係を捻じ曲げて書き直しをさせたように書かれていました。しかし、事実は違います。足立教頭が「通知」の案を自宅に持ってきてくださった際に、将紀の死因について「生徒のプライバシーから申し上げることはできない」との記述があったので、私は「プライバシーなどは配慮しなくても結構です。事実をきちんと伝えてほしいので訂正してください」と依頼しました。2回訂正を依頼しましたが、私は「何があったか」について説明が不足しているところを付け加えていただいたにすぎません。

また、事件から10日後の2004年6月5日の志木市民会館での学校側と保護者の話し合いの際、「名前を書いた紙を持たされた上、集合写真を撮られた。まるで犯罪者扱いであった」と書かれていました。しかし実際は、会の最初に私の弟が「どなたがいらしたか、確認の意味で写真を撮ってもいいですか？」とお願いをしたところ、校長先生が「学校側が持参した名札を持った方がわかりやすいのでは」と発言し、こうした形になったものでした。

さらに、12月に先生たちからいただいた手紙についても、「原告からの再三に渡る要求により書かされた」とか「原告が納得するような文章にせざるを得なかった」との記載がありますが、私はこうした要求をしたことも、内容について強制したこともありません。手紙をいただくに至ったいきさつは、所沢高校から教育委員会に提出する生徒事故報告書に私の気持ちを書いた文章を添付するというので、作成の依頼があったことです。私は、その文章で私の気持ちを述べましたので、先生たちの気持ちも聞きたいと思い、手紙を書いてほしいとお願いしました。２００４年の9月か10月頃だったと思います。ただ、1カ月以上たっても先生方から手紙が届かなかったことから、まだですかと尋ねただけです。

秋山教諭の「1時間45分もの長い時間、休息を挟まずに事実確認を続けてしまったこと。お母さんから『おなかがすいたり、のどが渇いたりしていたのではないか』と言われるまで、そのことに気づかずにいたことは、将紀くんに対して配慮不足でした」という言葉、山本教諭の「1時間45分という長い間、井田くんを引きとめておき、トイレや休憩また食事や水などの配慮を考えないで進め、井田くんの気持ちを理解できなかったことについて深い反省の気持ちでいっぱいです」という言葉は、本心からのものではなかったのでしょうか。

私は先生たちの本当の気持ちが知りたかっただけです。そもそも学校側は、私の依頼に対して、一言も「それはできません」といった発言はありませんでした。それなのに、訴訟が始まったとたんに、手紙の内容は先生方の真実の気持ちとは違うなどと言われるとは夢にも思いませんでした。消しゴムにまかれた紙に書かれた内容も、秋山教諭は事件直後には「アルファベットのようなもの」と言い、1カ月後には「物理の公式らしきもの」へと変わり、事件半年後に事情聴取を再現してもらったときには具体的にコンデンサーの公式である「Q＝CVと見えた」と、さらに裁判が始まると「Q＝CVとC＝εS／Dと書いてあった」とそのたびごとに変わっていきました。そのほかにも、さまざまな事実がねじ曲げられて主張され、それに驚き、落胆することの連続でした。

残念なことに裁判では、学校側の言い分のほとんどが認められていきました。2008年8月、さいたま地裁は「教諭等には配慮するべき余地がないとは言えない」としながら「教師に認められている懲戒の範囲内であって違法とはいえない」と訴えを棄却しました。東京高裁に控訴しましたが、09年7月30日の判決は原審を支持するものでした。

私は、将紀のためにできるだけのことをしたと思っています。すばらしい弁護団に恵まれたことも幸運でした。事情聴取の際に殴られているわけでもないので、困難な闘いであることは覚悟していました。でも、学校の壁はその想像以上に分厚く頑丈なものでした。

「ネット上の日記」に同級生の悪口を書いたと長時間指導
――今野　勝也

今野　匠（高校2年生・16歳／北海道）

２００８年７月20日、21時50分頃。自宅２階の納戸で首を吊って自殺を図り、２週間後に病院で息を引き取る。

（学校関係者は仮名）

「自分は生徒会もやっている。まじめに学校にもいっていたつもりだ。先生たちに今日あれだけいわれたんだ。おれって先生たちにも信用なかったんだね。がんばった。がんばったんだけど、認めてもらえなかったんだね」

「すべて自分の責任。自分が悪いんだ。すべておれがまいた種だ。先生たちにおまえは反省していないだろうとか言われたが、自分自身どれだけ不思議だったことか。自分は泣いていたよ。心から。涙が出ないとダメですか？　土下座をしないとダメですか？　死なないとダメですか？」

「僕には停学は重すぎる」

◆稚内商工高校の文化祭の前夜祭、「行灯《あんどん》行列」に協力しない6人のクラスメイトに対し、匠が行列運行の責任者として憤る。
◆夜、インターネット上の会員制サイト「モバゲータウン」(注)（現Mobage）の日記に、6人のイニシャルと「死ね」などの言葉を書き込み、1時間ほど後に削除を試みるが消去できなかった。
◆日記の内容を見たクラスメイトの噂話が担任の耳に入る。
◆ネットへの書き込みについて、担任等、6人の教員が2時間50分の指導をする。
◆電話連絡を受けて学校に来た母親に、無期停学になるだろうことを告げる。
◆担任が自宅への電話で、無期停学が決まったことを連絡。
◆自宅の自分の部屋でノートに遺書を書き残し、納戸で首を吊る。
◆病院に運ばれて治療を受けたが、2週間後に息を引き取る。

(注)モバゲータウン：パソコンや携帯電話、スマートフォンで利用するソーシャルネットワーキングサービスのひとつ。日記やフォトアルバム、イラスト投稿、ゲームなどがある。会員登録が必要で、登録していないと見ることができない。

緊急搬送された病院のICUで動かなくなってしまった匠

２００８年7月21日。長男の匠が入院してICUに入れられた翌日、私たち夫婦は何も考えることができなくなっていました。次男も明日から夏休みです。私たち家族は、ただただ匠と一緒に居たかった。

「なんだか、たっく、動かなくなっちゃったね……。あれだけ良く動いていた口も、手も、足も……。何だか、赤ちゃんの時に戻ったみたい。ねえ、お父さん。もし、たっくが治らなかったら、ずうっと、こうして一緒に居られないかな……」

妻がつぶやくように言いました。私たちは普段、匠のことを「たっく」と呼んでいました。私は、「ああ、ずっと一緒に居られる……」と言いながら、匠の手や足や顔や、とにかくいたるところを撫でていました。機械の表示は２３０くらいだったか、カラータイマーみたいのは点滅しっぱなし。「お前何も食べてないだろう。何でも良いから口に入れとけ。何か1階の売店で買ってくる」と妻に言って、病室を出て売店に向かいました。

1階に降りると、たくさん人がいます。なかには、知ってる人や見たことのある人もいて、とりあえず気づかない振りをして4階に戻りました。ナースセンターの前で、見たことのある３人の前を通ると、「こんなことをするような子どもには見えなかった」と言っているのが聞こえてきました。どうも、近所の人のようでした。

匠は、小さい頃からその日にあったことなどをよく教えてくれ、妻のとりとめのない話も我慢強く聞いてくれる子どもでした。週末には、3〜4人の友達が家に集まってゲームをしていました。幼稚園、小学校の学芸会で主役を演じたのは2度や3度ではなく、小学5年の頃から児童会、中学校の生徒会にずっとかかわり、生徒会活動や仲間意識をとても大切にしていました。小学4年から少林寺拳法を習い、6年生で初段を習得しました。

中学校の合唱大会では1年の時に匠のクラスが優勝しました。1年生が2年、3年を抑えて優勝したのは学校で初めての快挙で、クラスのみんなが目標に向かってひとつになる大切さは、十分に理解していたと思います。

中学校の部活動は野球部に入り、朝から晩まで泥んこになって練習していました。3年生になっても補欠でしたが、頑張り続ける姿は親にとって誇りでした。大会や練習試合があれば、車で2〜3時間かかる会場でも私と妻は応援に行きました。顧問の先生は、匠の頑張りを分かってくれていたため、9回表か裏で、4点以上差がついた時には匠を代打で出してくれました。私も妻も、本当にドキドキしながら応援していました。

モバゲータウンの日記に
クラスメイトの悪口を書いたことから始まった指導

2008年7月19日は北海道立稚内商工高校の学校祭1日目で、稚内にしては珍しく暑い日でした。この日は、匠が生徒会で頑張っていた行灯《あんどん》行列がありました。各クラスが、趣向を凝らした形の行灯を作り、夕方から灯をともした行灯を台車に乗せて市内を練り歩くもので、車などが危険だということで中止されていたのですが、3年ぶりに復活したのです。匠は、行灯行列を運行する責任者として、準備に力を入れていたことを聞いていました。21時頃、匠が帰宅したので、行灯行列がどうだったか聞きました。

「行灯行列の出発前に、順番に交代で押して歩くって、生徒会からの注意事項で、俺言ったんだ。クラスでも、プリント回ってたんだ。でもあいつら、行列の前のほうで騒ぐばっかりで全然押さないんだ。あんまりひどいから注意したら、上り坂を通り越して、最後の門の手前から押して、すぐゴールして、ワーッと騒いだんだ。クラスの行灯行列のリーダーもいたのに。あいつら、ズルい」

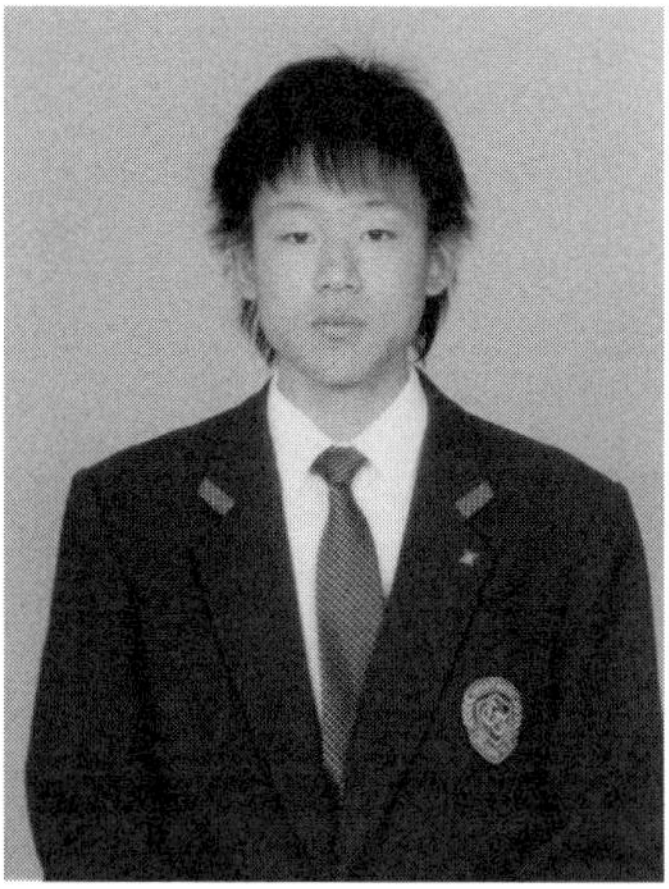

高校時代の匠くん

そう言って匠は22時少し前に、2階の自分の部屋に上がっていきました。いつになく本気で怒っている様子にフォローする言葉が見つからず、妻と私はどうしたものかと、思案していました。

学校祭2日目の7月20日、匠は朝寝坊をして、朝ご飯も食べずに慌てて学校へ行きました。16時42分、担任の小高教諭から「問題がありまして、学校に来ていただきたいのですが、何分くらいで来られますか」という電話を受けた妻は、車で学校に行きました。18時過ぎ、匠と一緒に帰宅した妻は、玄関を開けるなり、「お父さん、匠、停学みたい。インターネットの掲示板に書き込みしたって」というので、匠を居間に座らせて話を聞きました。

「すてすって何？」

「匠が書いたこと、全部教えて」

「まず、死ねって書いて、Kを3つ、OとWとIって書いて、死ねって書いて、すてすって書いた」

すると、そばにあった新聞に「投す」と書いて「こう書くと、殺すに似てないかなと思って。殺すって、おっかなくてそんな字は書けないから」

その投稿をしてから1時間ほどして、消そうとしたものの、画面がフリーズして消せなかったこと、削除願いを出したり掲示板サイトから脱会するなどして書き込みを消そうと頑張ったこと、午前4時半頃に書き込みがようやく消えたことなどを教えてくれました。

「昨日は、ずいぶん怒ってたもんな」というと「そうなんだ。それでつい…」と匠。「人生くじけたり、失敗したり、よくあることだ。でもそれって大切なことなんだよ」と言うと、「うん、わかってる」と言って、2階の部屋に上がっていきました。

改めて妻に学校でのことを聞いたところ、2階の指導室へ行った時には、匠が指導の先生と向き合い、緊張して口を尖らせて座っていたそうです。担任は、妻の隣に座る匠に隠すように自分の携帯を見せて、「クラスの生徒が持ち込んだ匠くんの書き込みを、自分が携帯のカメラで写したものだ」と説明し、「投」という字を指さしながら、「これは〝殺〟と読むんです」と言ったそうです。しかし、妻が行くまでの指導の様子を聞いてもまったく教えてはくれず、「処分の結論が出たら電話します」と言われ、15分ほど話を聞いて帰ってきたというのです。

妻の運転する車に乗りこんだ匠は「お母さんごめんね。俺、反省してるんだ。でもね、最初に来た先生に『目を見てしゃべれ』と言われたから、その先生の目を見てしゃべって、次に指導に来た先生の目を見ていたら『何を睨みつけているんだ』って怒られた。どうしたらいいのか、わかんなかったよ」と混乱した様子で話したそうです。

18時頃、小高担任から「職員会議の結果、無期停学が決まりました。明日、校長から辞令が出るので10時に学校に来てください。日誌と反省文は、今日から書かせてください」という電話がありました。妻は匠の部屋に上がり、わりと冷静に担任からの話を伝えていたようで、家庭訪問に備えて部屋の片づけなどをしました。その後、夕食の支度ができて匠を呼びましたが、「今は食べたくない」との返事。しばらくして再度、夕食を食べないか聞きに行った妻は、匠がノートを肘で隠す様子に気がつきましたが、思春期の男子が恥ずかしがって隠したと思い、見て見ぬふりをしました。

「がんばったけど、認めてもらえなかった」
ノート3ページに残された遺書

21時50分頃、2階でガラガラドンと、引き戸の音がして、ドンドンと歩く音もしました。

「匠、2階で怒っているぞ」と妻に言いました。いろいろあって納得していないんだろうな、少しそっとしておいてあげよう。そう思って少ししてから、2階に上がっていきました。

「たっく、たっく」と声をかけながら2階に上がると、匠の部屋は電気がついているけれど誰もいない、反対側の次男の部屋にもいない、ならどこだと匠の部屋の奥の納戸の引き戸を開けると、薄暗い部屋の中に匠がぶら下がっていました。足は床に着くか着かないか。私は叫んでいました。叫びながら「匠の体を動かせ」と自分にも叫ぶ。匠の腕を自分の肩に乗せて背伸びをして手で紐をまさぐる。紐のできるだけ上を持って下に引っ張ると、2~3回で外れた。顔は青い、息はしていない。心臓は、とにかくマッサージだ。逝かせない、逝かせてたまるか。心臓マッサージをしていると口から息、すると胸がふうっと膨らむ。妻が「どうしたの！」と駆け上がってきました。次男も「だいじょうぶ?」と階段を上がってきました。

「救急車だ、お前は外で待っていろ、来たら必ずここまでつれて来い！」と次男に、なるべく冷静に言ったつもりが叫んでいたのです。

22時20分頃、ドヤドヤと部屋に上がってきた救急隊員は匠の体に機械を取り付けましたが、「心肺停止」と言いました。救急隊員がAEDのような機械を心臓に当てると、心臓が動いた！ 酸素マスクはすでについている。病院へ、早く、早く、早く！ 妻を救急車に押し込み、私は親戚に連絡した後、車で次男と稚内市立病院へ向かいました。病院に着くと、匠はもうICUにいました。

「救急車の中で一度心臓が止まったけど、頑張ってまた動いた。自分で呼吸も始めた」と妻が言いました。

「そうか、匠も頑張っている。俺たちは、匠が帰って来ることだけを考えよう」

私はそう言いながら治療室に入り、「匠、がんばれ。帰ってこい。頑張れ」と声を掛け続けました。

処置のため、学校祭のピンクのポロシャツとジャージの一部を切られ、チューブをいっぱいつけた匠が治療室から出てきて、入院する4階個室に移動したところに、警察官が来て事情を聞かれました。現場検証をするというので私が立ち会いのため、自宅に戻りました。刑事さんに「何か書き残していませんか?」と言われ、部屋を見渡すと机の上にノートがありました。

「自分は生徒会もやっている。まじめに学校にもいっていたつもりだ。先生たちに今日あれだけいわれたんだ。おれって先生たちにも信用なかったんだね。がんばった。がんばったんだけど、認めてもらえなかったんだね…」

A4判のノート3ページに、細かい字でびっしりと、先生たちから受けた指導の内容、言われた言葉、死を決意するまでの辛い心の叫びがびっしりと書かれていました。私は、それを読んで、涙が止まりませんでした。匠に何があったのか。なぜ、匠の気持ちに気づいてあげられなかったのか。私は、匠の何を見ていたのか。商工高校は、匠に何をしたんだ……。

現場検証の後、本署を回って病院に着いたのは午前1時を回っていました。妻に、匠の机にあったノートの話をすると、緊張した顔で「反省文の下書きだべさ」と言いながら手に取りました。読み終わると、その場に泣き崩れました。二人して、声を出して泣きました。あんなに泣いたのは、生まれて初めてです。駆けつけた親兄弟が掛けてくれる言葉も耳に入らない。入院している他の方に迷惑がかかるからと、待合室を開けてもらいました。ひととおり泣いた後、妻と話し合いました。誰が何と言おうと、匠が治ることを信じる。そして、生徒指導の内容を知りたい。生徒指導の4時間30分後のことなんだから、「もしかして何か言い過ぎた」「すまなかった」の先生からの言葉があったら、それだけでいいか。匠は人として、してはいけないことをした。それだけはわきまえて行動しよう。これからは次男も夏休みだし、家族は匠から離れない…。

自殺未遂と緊急入院を報告
見舞に来ても、指導についての説明はない

翌7月21日朝10時、商工高校へ行くと職員玄関前で小高担任に会ったので、匠が首を吊り、緊急入院したことを告げました。すると、「まあまあこちらへ」と2階の職員室に連れて行かれました。そこでもう一度、匠が緊急入院したことを告げると、「まあまあこちらへ」と職員室の奥のソファーのある部屋に通され、小高担任と高部教頭と思われる教師がついてきました。私はソファーに座り、匠が緊急入院したことを改めて告げ、「こんなものは書けなくなったから返しに来た」と日誌用のノート、反省文と感想文用紙などをテーブルの上に投げるように置きました。「それは本当ですか？」と聞かれたので、「ウソついてどうする、事実だ！」というと、一人が職員室に戻り、

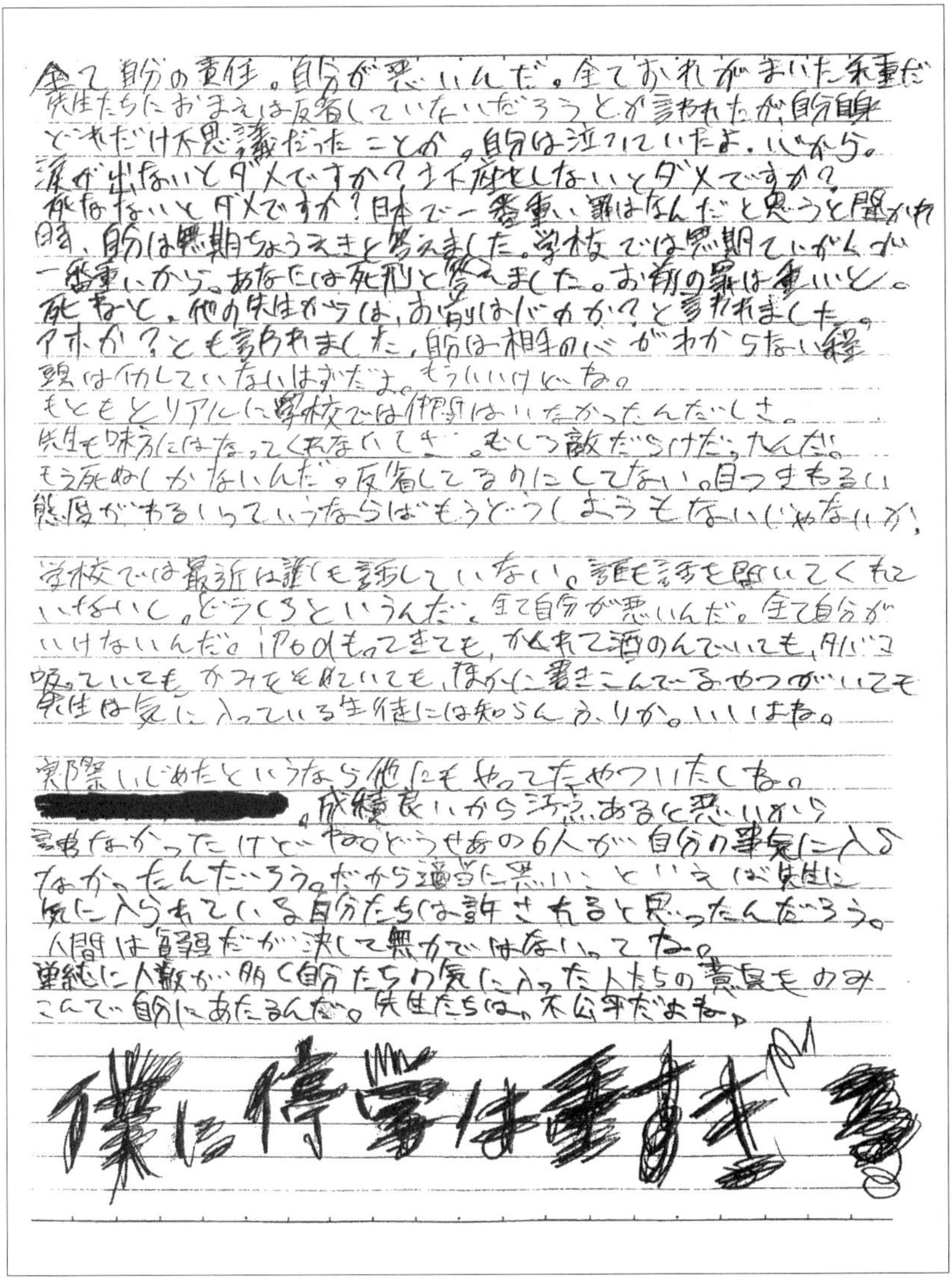
全て自分の責任。自分が悪いんだ。全ておれがまいた種だ
先生たちにおまえは反省していないだろうとか言われたが、自分自身
どれだけ不思議だったことか。自分は泣いていたよ。心から。
涙が出ないとダメですか？土下座しないとダメですか？
死なないとダメですか？日本で一番重い罪はなんだと思うと聞かれ
時、自分は無期ちょうえきと答えました。学校では無期ていがくが
一番重いから。あなたは死刑と答えました。お前の罪は重いと。
死ねと。他の先生からは、お前はばかか？と言われました。
アホか？とも言われました、自分は相手の心がわからない程
頭は仂していないはずだよ。もういいけどな。
もともとリアルに学校では仲間はいなかったんだしさ。
先生も味方にはなってくれないしさ。むしろ敵だらけだったんだ。
もう死ぬしかないんだ。反省してるのにしてない。目つきも悪い
態度がわるいっていうならばもうどうしようもないじゃないか！

学校では最近は誰も話していない。誰も話を聞いてくれて
いないし。どうしろというんだ。全て自分が悪いんだ。全て自分が
いけないんだ。iPodもってきても、かくれて酒のんでいても、タバコ
吸っていても、かみをそめていても、ほかに書きこんでるやつがいても
先生は気に入っている生徒には知らんふりか。いいよな。

実際いじめたというなら他にもやってたやついたしな。
[redacted]。成績良いから注意あると悪いから
言わなかったけどな。どうせあの6人が自分の事気に入ら
なかったんだろう。だから適当に悪いこといえば先生に
気に入られている自分たちは許されると思ったんだろう。
人間は貧弱だが決して無力ではないってな。
単純に人数が多く自分たちの気に入った人たちの意見をのみ
こんで自分にあたるんだ。先生たちは、不公平だよな。

僕に停学は重すぎる

ノート３ページに残された匠くんの最後の言葉

市立病院、警察などへ確認の電話をしている様子が聞こえてきました。

私が小高担任に匠の携帯電話を返すよう言うと、慌てて部屋を出て匠の携帯電話を持ってきました。匠が書いた内容について聞くと、「これが問題のメールです。ひどいと思いませんか？」と言いながら日記を表示しました。河野校長が入ってきて「この度は…」と言うので、私は思わず「死んでないぞ！」と言ってしまいました。その後、たいした説明もされないので、病院に戻りました。

病院に戻ってしばらくすると、河野校長、高部教頭、小高担任が訪ねてきました。妻が、会うのは無理そうというので、丁重にお引き取り願いました。帰り際、「後で担任だけでもお見舞いに来たい」と言った言葉どおり、14時頃、小高担任が再び見舞いに来ました。病室には入ってもらいましたが、私は声は掛けず、妻も黙って匠をなでていました。小高担任は部屋の隅でうつむいたまま黙り、匠に声も掛けません。2時間の間、私たちはいくつか質問したと思いますが、小高担任は一切答えず、16時頃に突然、「今日はこれで帰ります」と帰っていきました。それでも私と妻は、高校は誠意ある対応をしてくれるだろうと、漠然と信じていました。

17時16分頃、突然、匠の胸の動きが止まりました。私は狼狽し、体が動かず、匠の名前を呼ぶしかできません。妻がナースセンターに走り、人工呼吸器をつけてもらいました。

7月23日、心臓の拍動が弱まり、9時前に匠の脳の写真を撮りに行くなど、朝からかなりバタバタしていた中、小高担任、山川副担任、2年の学年主任の村田教諭が見舞と称して来ました。面会時間より早い10時頃のことです。どこまでも一般常識がないことに憤りを感じます。小高担任は突然、匠に声を掛け始めました。「匠くん、クラスでみんな待っている。頑張って早くよくなって」などと言いましたが、今までの彼の行動からものすごくわざとらしく感じました。

学校は7月21日にPTA役員に事故についての報告会を行っており、この日の昼過ぎ、河野校長と高部教頭が説明会に使った資料を持ってきました。しかし親戚がいるのを見て、「機密情報なので、第三者の前では話せない」というので、ナースセンターに頼んで別室を準備してもらいました。説明会の資料には、匠がインターネットの掲示板に書き込んだ理由は、「学校祭の期間中、みんな楽しくやっていてうらやましくて書き込んでしまった」とまとめていました。校長が「匠くんの書いたもの（遺書のノート）をもう一度見たい。できればコピーがほしい。私が教職をやっている間、写真と一緒に額に入れ、反省を促すためにも持っていたい」というので、コピーを渡しました。

夜、小高教諭がテニス部顧問の白河教諭、須田教諭を連れてきました。匠はテニス部に所属していましたが、生徒会活動が忙しくなって辞めていました。小高担任は、「早くよくなって。先生は授業中、今野にはよく助けられた」と言いながら、匠の手や頭をなでていました。妻は「なんで匠を褒められるの？　匠は悪い子なんだべさ。職員会議で決まった無期停学は、全員一致なんだべさ」と怒り出しました。このままでは私たちが精神的に苦しくなるので、帰ってもらいました。

脳の検査をした担当の医師からこの日、「こうしているのが奇跡的で、回復の見込みは低い」と言われました。覚悟はしていましたがショックは大きく、やっとの思いで親兄弟に報告しました。

生徒指導は2時間50分でかかわった教員は2人ではなく、6人だった

匠はノートに、こう書いていました。

「償いについて自分は死ぬべきだと思う。じぶんは殺す。死ね。と軽々しく書いたので相手側に恐怖を与えたのであれば自分は自身のケジメをつけるために死のうと思う」

「先生たちにおまえは反省していないだろうとか言われた」

「日本で一番重い罪は何だと思うと聞かれた時、自分は無期ちょうえきと答えました。…あなたは死刑と答えました。おまえの罪は重いと。死ねと」

「他の先生からは、お前はバカか？　と言われました。アホか？　とも言われました。自分は相手の心がわからない程頭はイカレてないはずだよ」

本当はどんなことを、どう指導したのか、その指導内容を知りたくて、何らかの報告書ができたら連絡してほしいとお願いしていました。7月30日、高部教頭から「道教育委員会（以下、道教委）に出す報告書ができた」と電話があったので学校へ行きました。ただ、「報告書は機密文書だから、読んで聞かせることはできるが、見せることはできない」と言われました。校長は詳しい説明もせず、「先生たちが、匠くんが遺書に書いているようなことを、言うはずがない」と言うばかりでし

た。

妻にも直接説明してほしいと考え、8月1日に病院で再度、説明を受けることにしました。しかし、この日も資料を見せてくれず、高部教頭が「指導したのは生徒指導部長の前原教諭と本安教諭の2名と聞いています」と説明し、その2名の面談時間等を知らされただけでした。さらに校長は「報道がうるさくなるから、会見発表を学校に任せてもらえないか」と言い出しました。これにはうさん臭さを感じたので、言わなければいけないことは自分で言うときっぱり断りましたが、校長は不満そうでした。この頃から、高部教頭がひっきりなしにメモを取っていました。

この日、河野校長は、商工高校で2006年8月、1年生だった少年が自分の母親殺害を中学時代の同級生に30万円の報酬で依頼し、実行させた事件があったことを話しました。河野校長はその年の春、稚内商工高校に着任し、小高担任はその生徒の副担任だったそうです。

匠の指導にかかわった教師が6人もいたことを知ったのは、翌日の8月2日です。校長、教頭、前原教諭、本安教諭が病院に来て、説明しました。たった1日前に「2名だった」と話していたのに、本当は6人だったのです。そして指導時間も、14時10分から17時までの2時間50分だったということを言いました。なぜ、そんなに多くの教師が、それほど長く指導にあたったのか、それぞれの先生から直接、理由や指導の内容を聞きたいと要望したところ、高部教頭が「日程の調整を約束します」と言いました。でも、その実行までには、かなり時間がかかることになりました。

8月4日、匠の容体が急変。16時19分、息を引き取りました。

告別式の時間にあわせて行われた学校の記者会見

8月6日、通夜の席についていると、匠が姉のように慕っていた21歳の姪が、会場に向かう先生方の前に泣きながら立ちはだかっていると聞いたので、慌てて姪を迎えに行きました。私が「今日はご遠慮ください」と頭を下げると、校長を含めた10人ほどの先生たちは何も言わず戻っていきました。それを見ていた葬祭場の社長が「会場に入らないまでも、玄関で葬儀が終わるまで黙とうを捧げるようなことができないのだろうか。だから私の事務所に『お花をあげたほうがいいですか?』などというふざけた電話をかけてくる」と、真っ赤になって怒っていました。

告別式は、8月7日10時から行いました。告別式が終わり、火葬場で待ちながらテレビのニュースを何気なく見ていたら、商工高校の河野校長、高部教頭、坂本事務局長が出席した記者会見の様子が流れました。会見の内容はおろか、記者会見をすることも知らされていませんでした。それも、あえて告別式の時間に合わせるように会見を行ったことに、強い怒りを感じました。「本校の職員がそんなことを言うはずがない。遺書には事実と違うことを書いている。指導は適切だった。指導が本人を追いつめたとは考えられない」と話していました。きちんと調査もせず、憶測で話す校長に呆れ、改めて腹が立ちました。

納骨法要を17時から自宅で行う予定でしたが、その前に自宅がマスコミの方々に取り囲まれたため、急きょ、自宅近くの町内会館で新聞記者の方たちと話をすることにしました。カメラを含めて25人ほどの方たちに15分程度、当時私が知っていた匠の書き込んだ内容やそれまでの学校の対応、いまだにどのような指導が行われたかよくわからないことを伝えました。

河野校長、高部教頭、小高担任が、初めて自宅に線香をあげに来たのは、告別式から19日後の8月26日でした。私たち夫婦は、匠が書いたというモバゲータウンの「日記」の画像がほしい、くれることができなければ、見て確認だけでもしたいと懇願しましたが、校長に「道教委に確認しないと見せることはできない」と断られました。妻が、せめて小高担任が携帯で撮った写真を見せてほしいと頼むと、「その写真は消した」とのこと。次回は、どうしても「日記」の内容を確認したいことをお願いすると、校長は「考えてみます」と答えました。

9月4日、自宅に来た河野校長と高部教頭は、「小高担任は、精神科に通院しており、今野さんたちに会うことを医者に止められている」と告げました。校長は、「書き込み内容は、学校の一存でお見せします」と言い、印刷したものを見せてくれました。しかしそれは、20日は妻が、21日に私が確認したものとは、題名や文面などが違うものでした。驚いた私は「もしかして小高担任が、この日記を作ったのでは？」と聞きましたが、「何とも答えようがありません」と言うだけでした。

事件から59日目に初めて顔を見せた教師たち

匠が入院している時から、生徒指導に関わった教師全員の指導内容を教えてほしいと訴えてき

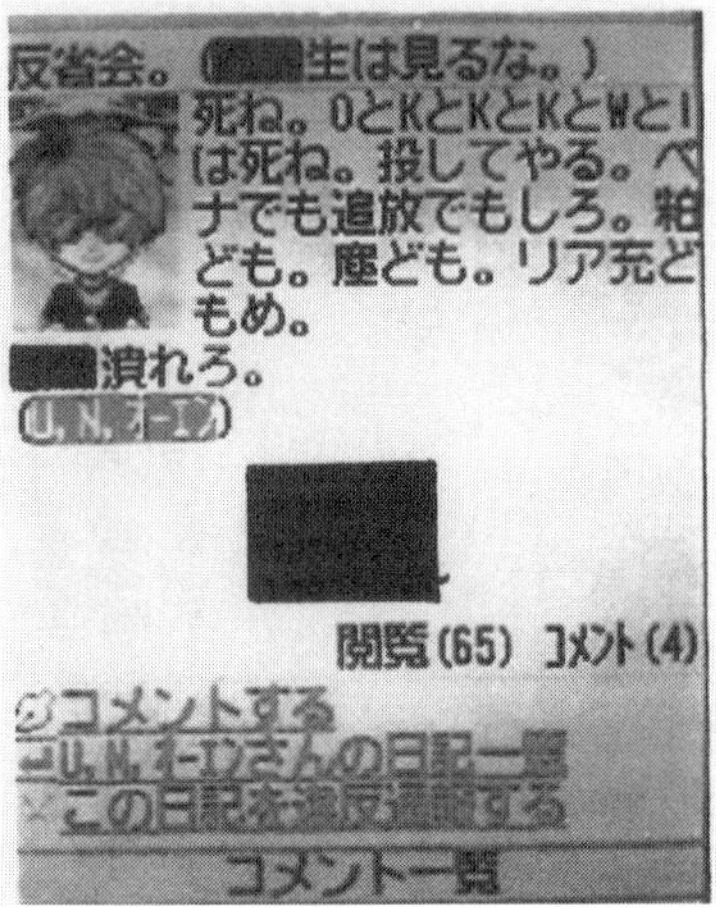

匠くんが書き込んだとされる
ウェブ上の日記

ました。9月17日の19時過ぎ、生徒指導について説明するため、河野校長、高部教頭、前原教諭、横内実習助手、金田教諭、吉住教諭が初めて家に来ました。匠が入院中に見舞に来たのは、この6人のうち小高担任を含めて3人です。横内助手以下の若い教員は見舞にも来ていないので、匠が首を吊ってから59日目のこの日、初めて顔を合わせました。彼らは名乗らないので、名前がわかったのはしばらく後のことでした。

この頃、私たちは道教委が9月4日に作成した報告書を手に入れていました。そこには、休憩をはさむことなく、トイレにも行かないまま、匠が受けた2時間50分の指導内容の大筋が書かれていました。指導が始まった頃には閉祭式があり、匠は司会をする予定でしたが、参加できなかったことがわかりました。報告書でわかった2時間50分間の教師の出入りは、こんな様子でした。

小高担任が日記の書き込みについて生徒指導部の指導が必要と考え、高部教頭と生徒指導部長の前原教諭に報告。高部教頭は前原教諭に匠から2名態勢で事情を聞くよう指示。生徒指導室に匠を呼び、14時10分から15時まで、前原教諭が匠に事情を聞き、本安教諭が記録する方法で書き込みの有無、内容、書き込んだ理由の確認を行った。その際、しばらく前に匠がクラスメイトのコンビニ弁当のラップにいたずら書きをしたことを認めたので、今度は本安教諭が15時から30分間、事実の確認を行った。また前原教諭は、前年に他のクラスの生徒が匠の外履き靴を勝手に8カ月間履いていた件を持ち出し、金田教諭と横内助手を呼んでその事実確認を指示。自分は指導室を出て、指導部会と職員会議のための資料作成に取り掛かった。

15時半から16時までの間、金田教諭と横内助手が靴の嫌がらせ被害について聞き取り。生徒指導部の教師から聴取が終わったことを伝えられた小高担任は、担任として匠の様子を確認したいからと、16時から約20分間匠と面談。16時20分頃、高部教頭が小高担任に、保護者に来校してもらうように指示。小高担任と入れ替わりで横内助手が16時20分から30分まで、吉住教諭が16時30分から17時までの間、匠と話をした。このようにして、妻が学校に着いた17時まで、指導が続いていました。

学校側の訪問にあたり、報告書に沿って、延々と続いた生徒指導の内容について細かく質問しました。前原教諭は当初、匠の無期停学の理由はインターネットへの書き込みだと説明していました。しかし、前年に他のクラスの生徒が匠の外履き靴を勝手に8カ月履いていた件、匠がクラスメイトのコンビニ弁当にいたずら書きしたことなどの話も持ち出したようです。靴の件では匠が被害者なのに、なぜその話まで持ち出されるのか、わかりません。弁当のいたずらについて私たちは、いたずら書きをしてしまったが、その子も許してくれて、遊ぶ約束をしていたと聞いていました。それにしても、ネットの書き込みとは関係のない話を、なぜその場でしなければいけなかったのか？

一人ひとりに指導にかかわった時間の長さを聞くと、2～3人の教員が一緒に指導室にいたことがわかりました。話を聞く役と書く役がいたり、靴の話やいたずらの話を持ち出すたびに、違う教員が加わったりして、その度に、ネットの書き込みの内容の確認もするなど、何度も何度も、同じ話を繰り返させられたこともわかりました。

匠が日記サイトに書き込んだ理由が大切だと思った私たちは、校長や教頭に、匠が行灯行列にまじめに取り組まなかったクラスメイトに対して、腹を立てていたことが書き込みの原因だと思う、と何度も説明しました。しかし、なぜかその内容には関心を示しませんでした。

9月24日、2人の教師が再び自宅へ来ました。妻が、イニシャルで書かれた6人が書き込みに気づいていたのか聞くと、前原教諭は「確認していない」。モバゲータウンの日記は、日記を更新すると友達登録をしている友達に更新情報が届くという話を匠がしていました。前原教諭は「みんなが見ていた」というので、みんなとは何人かと聞くと、それも「確認していない」。さらに、前原教諭は日記サイトやモバゲーのペナルティの仕組みについて、この時点で余りよく分かっていないと話していました。そのようなあいまいな知識で、匠の回答の言葉尻をとらえるような指導を行うことに強い疑念が生じました。

前原教諭は「もし書かれた6人が最悪の事態になったら、責任取れないよなっていう話をしたら、匠くんは取れませんと答えた」と説明しました。それほど相手の生徒のことを気に掛けているのなら、何か対応したのかと聞くと、全員が無言になってしまいました。何もしていなかったようです。

指導の詳細を知るために

高校の設置者、北海道を提訴

２０１１年３月26日、宗谷教育局が商工高校を再調査した結果、問題はなかったと発表したことが報道されました。宗谷教育局に確認すると、担当者は「教育局は商工高校の校長と同等の立場・権限であり、校長に意見する立場にはない」と説明するだけです。後日、宗谷教育局総務課の方が２０１１年２月24日に道教委宛の事故報告書ができており、開示請求できることを教えてくれました。私たちは、報告書の存在も、開示請求のことも学校から聞いたことはありませんでした。

後日、私と妻は情報開示請求をした文書を受け取りに商工高校に行きました。河野校長は３月で異動しており、後任の山元校長と高部教頭から「職員会議録、匠くんのウェブ上の日記、事故速報（第一報）、平成21年２月24日付事故報告書しか開示すべき資料はない。他はメモで既に廃棄した」という説明でした。

いつまでたっても詳細な指導内容が明らかにされないことに業を煮やし、２００８年３月31日、稚内商工高校の設置者である北海道を相手に、妻と連名で札幌地裁に提訴しました。

裁判の過程や情報公開で得た資料で知ったのですが、商工高校の指導の背景には、次のようなことがあったようです。匠の事件の４日前となる２００８年７月15日、商工高校の生徒がインターネットの掲示板上に、同級生のことを「キモイ」「ウザイ」「消えればいいのに」「死ね」と書き込んだことで、10日をめどとする停学処分が下されていました。16日には、前原教諭が全校集会で

「インターネット掲示板への誹謗中傷の書き込みがされた場合、内容によっては停学になること」などを説明していたようです。

また、匠が入院していた時、病室を訪れた北海道新聞の女性記者から、匠の事件の数日前、富良野の女子高校生が、学校で自殺を図ったことを聞きました。それは、2008年7月14日に1年生の女子生徒が4人の教師に3時間30分の生徒指導を受けている最中に泣き出して過呼吸になり、保健室に行ったものの、指導をしていた教師がそこに来たため逃げ出し、4階の自分のクラスの窓から飛び降りたという事件です。幸い命は助かったようです。その記者は、匠の事件後、商工高校に富良野の事件を知っていたのか、そのうえで何らかの配慮ができなかったのか問いただしたところ、学校側は「富良野の事件を把握したうえで、配慮した」と説明したのだそうです。もしそうだとすれば、匠を迎えに行った妻に、富良野の事件のことを話してくれていれば、私たちは匠から目を放しませんでした。

慣れない裁判で辛く苦しいことも多かったのですが、匠が思い詰めていった過程を突き止めるため、私たち夫婦は闘ってきました。しかし、道半ばの2011年10月1日、妻、文枝が急性心筋梗塞で急逝しました。さぞ、無念だったことと思います。

妻は事件直後から、何冊ものノートや手帳に当日の出来事やその後の経過、疑問点、匠が生まれてからの思い出、時には匠に宛てた手紙をつづっていました。新しいことがわかるたびに、うれしそうにノートのメモをとっていた様子がいまもはっきりと浮かびます。妻の思いを引き継いだ次男と二人、妻が書きつづったものを妻の陳述に替えて証拠として提出しながら、裁判を闘ってきました。高部教頭、前原教諭、小高教諭の証人尋問も行われました。

2013年2月15日に札幌地裁で行われた判決には、たくさんの応援の方が駆けつけてくださいました。しかし結果は、全面敗訴でした。

札幌地裁での判決後の記者会見（左から２番目が今野勝也さん）

匠があれほど詳しく遺書に書いた教師の言葉は、

『おまえの罪は重いと。死ねと』との記載は、その旨の教師等の発言を受けた匠が記憶のとおりに記載したものである可能性があるものの、他方において、その直前の記載と照らし合わせると、教師等が『死刑』と発言したのを、自らに対して『おまえの罪は重い、死ね』と暗に述べるようなものであるととらえた匠なりの解釈を記載したものである可能性も否定しがたい」とねじ曲げられてしまいました。

さらに、

「本件事情聴取に当たった教師らの発言には、匠が虚偽の事実を述べたとの誤解に基づいて『嘘を付くな』と叱責し、また、教師によって異なることを述べるなど、いささか妥当性を欠いた面もあるものと窺われる。そして、本件事情聴取が約2時間50分もの長時間にわたって行われたことなどに照らすと、本件事情聴取は、匠に教師に対する不信感を増長させ、匠を精神的に追い詰めるものであり、また、段取りというべきものがなく、思込みに基づく発言も見られるものであって、これらを指摘する原告らの主張には、首肯すべき点がある」としながらも、

「しかしながら、本件書込みは、本件学校の教師らがこれを問題視するのも当然というべき、本件学校の懲戒規程上の停学事由に該当する行為であると認められるところ、そのような本件書込みの重大性に照らすと、本件学校の教師らが、慎重を期して、代わる代わる事情聴取を行った結果、本件事情聴取が長時間にわたり、かつ、時機を逸することのないよう、段取りというべきものを立てる間もなく本件事情聴取を開始し、そのために思込みに基づく発言もし、これらにより、匠に教師に対する不信感を増長させ、匠を精神的に追い詰めたとしても、やむを得ないというべき面がある」と判断しました。

学校のルールを破ったのだから、追いつめられても「やむを得ない」としたのです。でも、もし最初の前原教諭と本安教諭の50分で指導が終わっていたら、教員の引き継ぎがうまくなされていたら、対応していた教師が6人でなかったら、迎えに行った妻に6人の先生のことや時間のこと、富良野の自殺未遂のことを説明してくれていれば、匠を死なせずにすんだ。匠が死に向かう方向を変えるチャンスはいくつもあったと思うと、悔やまれて悔やまれて仕方ありません。

カンニングが発覚した指導の途中で――仲村　正

仲村　研（高校3年生・17歳／埼玉県）

2009年5月29日、午前11時、私立J高校（埼玉県）4階廊下の窓から飛び降りる。

（人物名はすべて仮名）

2009年5月29日、次男・研は中間試験の最後の科目、英語・グラマーの試験中にメモを見ているところを試験監督に見つかりました。試験終了後、研は教師と一緒に教室のある3階から職員室のある2階に移動を始めました。途中で出会った生活指導主任は、研に一人で教室に戻って鞄を取ってくるように指示します。研は階段を上がりましたが3階の教室には行かずに、そのまま最上階の4階へと向かい、廊下の窓から飛び降りました。

◆中間試験最後の科目である英語・グラマー（文法）の試験中にメモを見ていることを試験監督が発見。

◆試験監督は、試験終了後に職員室に行くことを研に告げる。

◆研は、試験終了までの約20分間を自席で過ごす。

◆試験終了後、教師と共に３階の教室から２階の職員室のあるフロアに移動。

◆職員室に着く前に、荷物を取りに一人でホームルーム中の教室に戻るよう教師から指示を受ける。

◆Ｊ高校では、カンニングをした場合、その定期試験のすべての科目が０点となる。

◆成績に苦しんでいた研は、卒業できるか相当不安になっていたはず。

◆ショックを受けている状態で一人にされた研は、３階の教室には行かずに４階に向かい、廊下の窓から飛び降りる。

学校からの電話で知らされた研の突然の死

２００９年5月29日、その日は、高校3年生であった研にとって1学期中間試験最後の日でした。研の通っていたJ高校は埼玉県にある私立高校で、自宅からは1時間半近くかかりますが、研は長い通学時間を苦にすることもなく毎朝6時半には家を出ていました。

普段は歩いて最寄りの駅まで行くのですが、試験中ということもあり、私は駅まで研を車で送っていきました。数日前から、試験が終わったら当時上映中のSF映画を見に行こうと約束をしていたので、車の中でもそんな話をしていました。研が車を降りて駅の階段に向かう後姿を、私は見送りました。そのときはまさか、これが生前のあの子を見る最後になるとは思ってもいませんでした。

その日、私は仕事が休みだったので、妻と買い物をしていました。そして昼頃、J高校から私の携帯に電話が入りました。それは、「研くんが校舎の4階から飛び降りたので至急病院に来てほしい」という連絡でした。そのときは研が自殺する理由も思い当たらず、生死についても電話では教えてもらえなかったので、混乱したまま、とにかく急いで二人で病院に向かいました。車で病院に着くまでの1時間は、私たちには途方もなく長い時間でした。4階から落ちたのでは怪我ぐらいでは済まないと思いながらも、とにかく命だけは助かってほしいと願いながら病院に駆けつけました。

病院に着くとICUの待合室にJ高校の校長をはじめ何人かの学校関係者がいました。そこで初めて研がテストでカンニングをしたこと、職員室に連れて行かれる途中で一人にされて、校舎の4

階から飛び降りて自殺したことを知らされました。そして医師からは、飛び降りた直後に脳挫傷で死亡した、と告げられました。しばらく待たされた後、私たちは変わり果てた息子の遺体と対面することとなりました。その後の悲しみと苦しみは、恐らく子どもを亡くした親にしか分かってもらえないと思います。

学校から説明された研が自殺するまでの経緯

学校側の説明をもとに、研が自殺するまでの経緯を再現すると次のようになります。

①中間試験最後の科目・英語グラマー（文法）の試験中に、試験監督のA教諭が研がメモ用紙を見ているのを見つけ、答案用紙とそのメモ用紙を取り上げ「こんなことをしてはいけないんだよ」と言った。すぐに研を職員室に連れて行くべきか迷ったA教諭は、隣の教室の試験監督の教諭に相談し、試験が終了してから研を職員室に連れて行くことにした。そして、そのことを本人に告げた。研は試験が終了するまで約20分間、自分の席でうつむき加減で目を閉じて待っていた。

②11時に試験が終了すると、A教諭は試験の答案を集め、研に「じゃあ、一緒に職員室に行くよ」と告げて、研を連れて教室を出た。そのとき、ちょうど帰りのホームルームを始めるために教室の前で待っていた担任のB教諭に行き会い、A教諭が事情を説明した。B教諭が研に「本当にやったのか」と訊くと研は無言で頷いた。

③A教諭は研を連れて、教室のある3階から職員室のある2階へ降りて行った。そのときは、中間試験が終了し全クラスで一斉に帰りのホームルームがあるため、他のクラスでは担任が教室に来るまでの間、ロッカーに荷物を出し入れしたり、友達と話をしていたりで、廊下にはたくさんの生徒がいた。

④二人が2階に降りたところで、A教諭は前を歩いていた生活指導主任のY教諭を見つけ、Y教諭を呼び止めて事情を説明した。Y教諭は説明を聞き、研と言葉を交わすこともなく、研が鞄を持っていないのを見て「自分たちはここで待っているから、教室に鞄を取りに行きなさい」と指示して一人で教室に向かわせた（11時5分頃）。Y教諭は、A教諭の話からそのとき研の教室では帰りのホームルームが始まっているのを知っていた。

⑤研は指示に従って階段を上がったが、3階にある教室には行かず、そのまま最上階である4階に向かった。このとき、トイレに行こうとした隣のクラスの生徒が、周りを見ながらゆっくりと3階から4階に上がっていく研の後ろ姿を見かけ、後ろを振り向いた研と一瞬目が合った。4階は音楽室などの特別教室があるフロアで試験会場とはなっていなかったので、研が上がったときには誰もいなかったようだ。そして、4階に上がると、（時間の経過から考えて）ほとんど考える間もなく廊下の窓から飛び降りた。

⑥先程、研が階段を上がっていく姿を見た生徒が、用を済ませトイレから出たとき、偶然、廊下の窓の外を人が落ちていくのを目撃した。彼はそれが研だと直感して、教室の前の廊下で、「飛び

降りた！」と叫んだ。帰りのホームルームを行っていた担任のB教諭が廊下に出ると、何人もの生徒が窓から地面を見おろし、そこには頭から血を流して倒れている研の姿があった。

⑦2階の廊下でA教諭とともに研が戻ってくるのを待っていたY教諭は、研が1分もすれば戻ってくると思っていたが、2〜3分経っても戻ってこないので、様子を見るために自分の持っていた答案をA教諭に預け、3階に上がった。そのとき階段を降りようと走ってきたB教諭と行き会い、研が飛び降りたことを知らされた。

⑧その後、B教諭が自分の携帯電話から消防署に連絡し、救急車を呼んだ（11時8分）。

家族全員で夏はキャンプに、冬はスキーに明るくて素直だった研

我が家は研と3歳上の長男と私たち夫婦の4人家族でした。私たちは子どもたちが幼い頃からよく旅行に行きました。夏休みは車にキャンプ道具を積んで東北や北海道のキャンプ場を転々と巡り、冬には毎年数回スキーに行きました。子どもたちが少し大きくなると、海を目当てに沖縄や海外にも行きました。その他、一、二泊のものを含めると数え切れないほど旅行しました。普通男の子は中学に入る頃には親と旅行に行かなくなると聞いていましたが、我が家の息子たちは高校生になっても旅行についてきました。仲のよい家族だったと思います。

研は明るくて素直な子でした。反抗期といわれる年頃でも親に心配をかけることはほとんどなく、

せいぜい身の回りのことで妻が口うるさく注意したときに「わかってるよ、うるさいな」と言うくらいでした。むしろ、母の日に自分のわずかな小遣いでカーネーションの花束を買ってくるなど、親のことを気にかけてくれました。妻はよく「こんなにやさしい子に育ってくれて自分にはもったいない」と言っていました。親馬鹿でなく、他人から見てもやさしい子だったと思います。

研は運動が大好きで、小学校時代は地元の野球チームでキャッチャーをやり、中学ではバドミントン部に入りました。バドミントン部では、同学年には研より上手な生徒が何人もいましたが、研の真面目さが認められたのか、2年生のときに顧問の先生から部長に指名されました。部員をまとめるのに苦労していたようですが、責任感の強い子だったので最後までその任を全うしました。

勉強に関しては、中学校での成績は中位程度でしたが、中3のときの模擬試験ではいつも同年代の上位20％には入っていたので、勉強が苦手だったわけではありません。

のんびり屋の研には相性がいいと思ったJ高校への進学

高校受験では、内申書よりも入学試験の点数を重視する私立高校に的を絞って受験しました。結果は私立高校に何校か合格して、その中で本人が一番気に入ったJ高校に進学を決めました。

J高校は、毎年50人前後が国公立大学に合格するいわゆる進学校ですが、その割には受験勉強に生徒を駆り立てる雰囲気が余りなく、一学年6クラスと、私立としては小規模なので面倒見もいいだろうと私は思っていました。ですから、のんびり屋の研には相性がいいと思ったので、私は研がJ高校を選択したことに特に口を挟みませんでした。

しかし、研は入学してから気が緩んだのでしょうか、入学当初は余り勉強をしている様子がなく、1年生の1学期中間試験の成績は散々なものでした。試験後にはクラス別の保護者会が行われ、それには妻が出席しました。保護者は自分の子どもの席に座り、担任のC教諭から子どもの中間試験の点数が載った成績表と、その他にクラス全体の成績をまとめた2枚の資料を渡されました。その2枚の資料についてC教諭は「一枚はクラス全員の成績を基に作成した資料で、このクラスの平均点は他のクラスより低いですが、下位三人を除いて作成したもう一枚の資料を見ればこのクラスの成績も他のクラスと変わらないことが分かります。」と説明しました。

生徒の成績表には順位も載っているので、妻は研がその三人のうちの一人であることが分かりました。このとき、妻はJ高校では研のように成績の悪い生徒は冷遇され切り捨てられるのだと感じ、これ以降、J高校に対して強い不信感を持つようになりました。私もそのときは、妻も含め下位三人と言われた保護者の気持ちを考えると、C教諭の無神経さに呆れましたが、C教諭個人の資質の問題だろうと思い、たいして気にもしませんでした。しかしながら、研の自殺の経緯やその後のJ高校の対応を見ていると、生徒や保護者の心情に鈍感であるのは、C教諭に限らず、J高校全体の体質であろうと今では思っています。

その後も研の中間試験や期末試験の学年順位はいつも最下位かそれに近い成績で、赤点科目がいくつもあったので、学期末になると毎回私たちは呼び出されました。その保護者面談には主に私が学校に出向き、その度に、このままでは進級がおぼつかない、と担任の先生から注意されました。同じような成績の同級生が何人も転学や留年をする中、なんとか留年は免れて3年生まで進級しましたが、赤点を解消できず仮進級している状況でした。

ただ、勉強では苦しんでいましたが、学校生活は楽しかったようで、毎朝元気に家を出て、欠席や遅刻などはほとんどしませんでした。研が所属するバドミントン部は活動があまり活発ではなかったので、部活では満たされなかったようですが、クラスに仲のよい友達が何人もいて、休日には時々東京に遊びに行ったりもしていました。夏休みや春休みになると、特に仲のよい3人の友達が我が家に泊まりに来て、リビングで朝まで話をしたり、ゲームをしたり、それは楽しそうにしていました。ですから、私たちが勉強でそんなに苦しむなら転校したらと勧めても、「卒業できるようになんとか頑張る」と言って、学校を辞めることなどまったく考えていませんでした。

ショックを受けていたはずの研に一人で荷物を取りに行かせたことについて

教室へ鞄を取りに行くように指示したY教諭は、研が入学したときから同じ学年に属し、1、2年生のときは研とは別のクラスで担任を、3年生のときにも同じ学年の他のクラスで副担任をしていました。また、1年生のときは研のクラスで英語リーダー（読解）を担当したので、研の顔も名前もよく知っていました。しかも、学年会議や学期末の成績会議などを通じて、進級の危ぶまれる生徒の一人として研のことは認識していたはずですから、研が3年には進級したものの、ぎりぎりの成績で上がってきたことはY教諭も十分にわかっていたはずです。

J高校ではカンニングをした場合、その定期試験のすべての科目が0点となります。ですから、これによって、たとえ残りの定期試験や追試験があったとしても、卒業できるかどうか、研が相当不安になっているということは容易に予想できたはずです。

また、Y教諭は生活指導主任であり、生徒が問題行動を起こしたとき、生徒が自暴自棄にならないように、他の教員にも増して細心の注意を払うべき立場にありました。それにもかかわらず、帰りのホームルームが行われている教室に恥を晒して入って行かなければならない研の心情に何の配慮をすることもなく、一人で荷物を取りに行かせました。研の気持ちを少しでも察していれば、二人の教員のうち一人が取りに行くとか、後で担任に持ってきてもらうとか、研に取りに行かせるにしても、どちらかが付き添っていくとか、大方の生徒が下校してから取りに行かせるとか、いくらでもやりようがあったはずです。結局、研は教室に行くことができず、行き場を失って4階から飛び降りたのです。

自分で種を蒔いたこととはいえ、カンニング発覚直後、研は相当動揺していたはずです。卒業や進学のこと、不正な行為をしてまで赤点を免れようとした自らの行為への自責の念、自分でも気持ちの整理がつかなかったはずです。Y教諭が研を衆人環視（大勢の人びとが周囲をとりかこむようにして見ていること）の中に追いやるような無神経なことをせず、職員室で気持ちを落ち着かせ、自らが行ったことを反省させ、今後の学校生活や勉強のことなどについて話をして、冷静に考える時間を与えていれば研は自殺することはなかったと思います。その後、実際に卒業できたか、あるいは退学したかわかりませんが、少なくとも研は今でも生きていたはずです。

「校長の特別な好意で会ってあげたのだから ありがたく思ってほしい」と開口一番に

研が亡くなってから一週間後、研が自殺した前後の経緯を知るために私と妻と長男でＪ高校を訪れました。このとき初めてＹ教諭とＡ教諭に会いました。二人には通夜と葬儀にも来てもらえなかったので、その場で、私たちの方から研の霊前に焼香してくださいとお願いをして、数日後、自宅に足を運んでもらいました。Ｙ教諭からは「自分に配慮が足りなかった」とは言ってもらいましたが、Ｙ教諭からも学校側からも謝罪の言葉は一切ありませんでした。

私はこの時点で、このままでは研が浮かばれないと思い、裁判を意識していました。しかし妻は、研が亡くなった悲しみと向かい合うのが精いっぱいで、とても裁判などを考える余裕はありませんでした。「裁判をしても研が帰ってくるわけではないから、学校側が研の霊前で謝罪をしてくれればそれでいい」というのが当時の妻の心境でした。私も研の同級生たちがこれから受験という時期に、これ以上彼等を動揺させることは研も望むところではないと思い、とりあえず同級生たちが卒業するまではこちらから行動を起こすのは止めようと思いました。

しかしながら、その後、担任と学年主任の先生が一度焼香に来ただけで、半年以上、学校側からは何の連絡もありませんでした。卒業式のときには、何か挨拶があるのだろうと思っていましたが、何の連絡もなく、誰一人焼香にも来ませんでした。

私たちは、せめて卒業アルバムぐらい欲しいと思い、3月末にこちらから連絡をして送ってもらいました。3年生のときの写真がないのは仕方ないとして、1、2年生の学校行事や修学旅行の写真には、研の学校生活の一端が写っていると思ったからです。アルバムには1、2年の文化祭や体育祭の写真がたくさんあり、少ない子でも写っている写真が4~5枚あるのに、意図的に除いたように、どこを探しても研の写真はありませんでした。卒業しなかったとはいえ、2年以上在籍した研の写真も載せようとは考えなかったのでしょうか。

それでも、5月29日の一周忌には学校を代表して誰か一人ぐらいは焼香に来てくれるのだろうと思い、待ちました。しかし、何の音沙汰もなく、期待は見事に裏切られました。

私はJ高校のあまりの冷たさに、このままではすべての責任を研ひとりに押しつけられて終わってしまうと思い、裁判で学校側の責任を問うしかないと思いました。しかし、J高校とY教諭が自分たちの責任を認め、謝罪をするなら話し合いで解決してもよいと考え、2010年9月14日に私たちは再び学校に行きました。しかし、学校側から開口一番に「自分たちにはこのような話し合いに応じる義務はない。今回は、校長の特別な好意で会ってあげたのだから、ありがたく思ってほしい」と言われました。その後は、学校側に責任は一切ないとの一点張りで、話し合いにはなりませんでした。この学校側の一方的な対応をみて、それまで躊躇していた妻も裁判を決意しました。

私たちは2011年7月にJ高校とY教諭及び日本スポーツ振興センターを相手に、東京地方裁判所に損害賠償請求を起こしました。

学校の指導が適切であったなら子どもが死ぬことはなかったケースも少なからずある

これまでも学校の指導をきっかけに自殺する事例が数多く報告されてきました。しかしながら、これらはまだ氷山の一角だと思います。私たちは裁判に訴えましたが、多くの遺族は泣き寝入りをしていると思います。

なぜなら、自分の子どもが自殺で死んだ、加えて学校で悪いことをしておいて、先生に叱られたぐらいで勝手に死んだと周囲から思われることで、遺族自身も傷つくし、死んだ子どもにも追い打ちをかけると考えるからです。これらの中には、学校の指導が適切であれば子どもが死ぬことはなかったケースが少なからずあると思います。このような遺族が声をあげられるように、そして、このような不幸な子どもの死が一つでも減るように、裁判を通じて、研がなぜ死ななければならなかったのか、教員がどうすべきだったかを明らかにし、広く学校現場・教育関係者に周知できればと思っています。

高校生の自殺は、故意によるものとして災害給付金を支給しない日本スポーツ振興センター

日本スポーツ振興センター（以下、センター）は学校で児童・生徒が怪我などを負った場合に、その医療費を補助する事業を旧・日本学校安全会から引き継いで行っています。いわば就労者の労災保険に相当する共済制度です。その掛金は小中学生の場合は保護者と学校設置者でほぼ折半しますが、高校生の場合は保護者が大部分を負担しています。

学校内での自殺に対する災害給付の基準についてセンターは、小中学生は判断力がないので支給するが、高校生・専門学校生は判断力があるから支給しないとしています。また、学校の教育活動に原因のない突然死（例えば先天的な心臓疾患による突然死）であっても学校内で亡くなれば死亡給付金を支給するが、高校生・専門学校生の自殺については、たとえその原因が学校の教育活動（研究のような生徒指導に関わるものや、教師による体罰など）であっても支給しないとなっています。労災保険では大人はもちろん高校生の年代であっても、就労していれば業務に原因のある自殺については労災と認められます。ところが、センターの主張によれば、高校生・専門学校生は、たとえ精神的に追いつめられたとしても自殺を思い止まる判断力を持っているということになります。

また、裁判の中で、判断力の有無を中学生と高校生で分ける理由を示せという私たちの問いに対するセンターの回答は次のとおりです。

「刑法によれば14歳に満たない者の行為は罰しないとあり、犯罪として不成立であるとしており、

学校の管理下において発生した事件に起因する死亡（省令第24条第3号）

規定	内容		説明	備考
省令第24条第3号	学校の管理下において発生した事件に起因する死亡	1	「事件」とは、児童生徒等の安全な学校生活を妨げる特別な事実をいい、急激な事実であるか、継続性がある事実であるかは問わない。（注47-2） ただし、自他の故意が認められない事実である「事故」も含まれる。	高等学校及び高等専門学校の生徒・学生の自己の故意による死亡は給付の対象とはならない。
		2	「学校の管理下において発生した事件に起因する死亡」とは、「事件」が原因であることが明らかであると認められる「死亡」をいう。 この場合において、「死亡」は、学校の外で起きているが、原因となった「事件」は学校の管理下で起きていることが明らかであると認められる場合を含む。	
		3	事件に係る照会 原因となる事件について、必要に応じ、学校長に対して照会し報告（別記様式第1）を求める。	

独立行政法人日本スポーツ振興センター災害共済給付法令の基準に関する規程（平成15年10月1日平成15年度規程第6号）

また民法では、不法行為で未成年者が他人に損害を加えた場合において、その行為の責任を弁識するに足りる知能を備えていなかったときは、その行為について賠償の責任を負わないとしている。そして、（過去の判例から）中学校上級学年以上の者は、その弁識能力を備えていると考えられる。」というものです。これは、センターが自殺を犯罪と同列に見なしているということで、「自殺者＝犯罪者」ということです。これでは年間150人にも及ぶ自殺した高校生たちは浮かばれません。

センターが示した中学生と高校生の自殺を区別する理由はたったこれだけで、精神医学的、心理学的な根拠を何一つ示していません。示せる理由など何もないのだと思います。自殺する子どもたちは死ぬ以外に逃げ道がないと思い込んで自殺するのであって、そのことに中学生も高校生も区別はないと思います。私たちは高校生・専門学校生の自殺についても、小中学生と同様に死亡給付金を支払うべきだと考えています。

Ⅳ

二度と「指導死」を起こさないために

――事例から学ぶ

教育評論家
ジェントルハートプロジェクト 理事
武田 さち子

1：指導死の特徴

(1) 指導死は隠される

「指導死」（以後、カギカッコ略）は、自殺のなかでもとくに隠されやすい自殺原因です。誰もその正確な数字を把握していません。指導死はなぜ、表に出ないのでしょうか。次のような理由が主に考えられます。

①国が子どもの自殺に関心を払ってこなかったために、正確な実態が調査・把握されていない
②社会が生徒指導の問題にほとんど関心を払ってこなかった
③学校や教育委員会が自分たちへの責任追及を恐れて隠す
④自殺に対する根強い偏見があるために、遺族が言えない
⑤背景に生徒指導があるために、規則違反をした子どもを指導した教師や学校は正しい、という声が根強く、保護者が子どもや自分たちへの批判を恐れて言えない
⑥指導は密室で行われやすく、学校や教師の違法性を立証することが困難。民事裁判に問えない。訴訟を起こしても勝つことが難しい

「教師のしっ責による自殺」 1977(昭和52)年度～1987(昭和62)年度

警察庁調べ・少年(20才未満)の自殺（人）

年度	1977	1978	1979	1980	1981	1982	1983	1984	1985	1986	1987	計
男	3	3	4	3	0	2	3	2	5	2	1	28
女	0	1	1	0	1	0	3	0	1	0	0	7
計	3	4	5	3	1	2	6	2	6	2	1	35

などが考えられます。

なかでも一番の原因は、国が子どもの自殺にあまり関心を払ってこなかったことにあると思います。子どもの自殺原因は、警察庁と文部科学省の統計調査とで、毎年１００人前後の差があります。

また、警察庁統計では、１９７７年から１９８７年度までの11年間に「教師のしっ責」による子どもの自殺は35人、年平均３人もありました。しかし、１９８８年度からは「教師のしっ責」項目がなくなったり、自殺原因の詳細が発表されなくなり、自殺対策基本法（２００６年10月28日施行）により２００７年度から再び、「遺書等の自殺を裏付ける資料により明らかに推定できる自殺」の原因・動機を三つまで計上したものを発表するようになるまで、20年近くもブランクが続きました。

新たな統計調査で、「教師のしっ責」は「教師との人間関係」の悩みへと変更になりましたが、警察庁統計で２００７年から２０１１年までの5年間に自殺した児童生徒は21人、年平均約４人です。

文部科学省でも２００６年度にいじめ自殺が多発し、統計調査のあり方を見直しましたが、同じ期間の「教師との関係での悩み」は5人で、警察庁統計の４分の１以下です。そして、子どもの自殺の5割から6割近くは原因が「不明」です。その統計調査さえ、文部科学省は「実態を反映していない」ことを理由に、廃止すると言ってい

「教職員との関係での悩み」(「教師との人間関係」) による自殺

文部科学省と警察庁(人)

	年度	1994	1995	1996-2006	2007	2008	2009	2010	2011	計
文科省	小学校	1	0	0	0	0	0	0	0	1
	中学校	0	1	0	0	1	0	1	0	3
	高　校	0	0	0	0	1	1	1	0	3
	計	1	1	0	0	2	1	2	0	7
警察庁	小学校	統計に項目なし			0	0	0	0	0	0
	中学校				2	2	1	2	1	8
	(男女)				(2・0)	(0・2)	(1・0)	(0・2)	(1・0)	(4・4)
	高　校				3	1	2	3	4	13
	(男女)				(3・0)	(1・0)	(2・0)	(0・3)	(2・2)	(8・5)
	計				5	3	3	5	5	21
	(男女)				(5・0)	(1・2)	(3・0)	(0・5)	(3・2)	(12・9)

※文部科学省調査「児童生徒の自殺の状況」は、平成18(2006)年度から、いじめ調査と同様、国・私立学校も調査の対象。原因は複数回答になった。一方、それまで「教師のしっ責」とされていた項目が「教職員との関係での悩み」に変更。

※警察庁自殺調査で、平成19(2007)年度から自殺統計原票を改正。「教師のしっ責」が「教師との人間関係」として復活。遺書等の自殺を裏付ける資料により明らかに推定できる原因・動機を三つまで計上できるようになった。

※2013年3月19日、それまで事故死としていた小学生(内海平君)の事例(1994年9月9日)を市教育委員会が体罰による自殺と認定。文部科学省の統計にも反映されると考えられる。ただし、この表はそれ以前の発表を元に作成しているため、内海君の自殺は計上されていない。

ます。しかし、自殺が学校問題から切り離されると、子どもが何に苦しんで死ななければならなかったのか、ますます実態が見えにくくなります。教育関係者の関心も薄れ、子どもの自殺防止対策が後退するのではないかと懸念しています。

(2) 指導死にみられる特徴

私が1952年から2013年までの新聞や書籍等から指導死に該当するものを拾ったところ、68件にも上りました(5件の未遂を含む)。この数字には、ご遺族から指導死であるということを伺いながら、事例として発表しないでほしいと頼まれたものは入っていません。これらを分析すると、指導死にはいくつかの共通する特徴が見えてきました。

（A）有形の暴力がなくても死ぬ

指導死は指導による子どもの自殺を対象にしていますが、過去に大きく問題になったのは、主に体罰による生徒の死亡でした。

茨城県水戸市立第五中学校で、体力診断テスト中に補助要員として動員されていた佐藤浩くん（中２・13歳）が、担当の女性教師（45歳）から叱責され、平手と手拳で頭部を数回殴打された８日後、原因不明の脳内出血で死亡した事件（１９７６年５月12日）、岐阜県立岐陽高校の高橋利尚くん（高２・16歳）が修学旅行の宿で、持参を禁止されていたヘアードライヤーを持ってきたとして、数人の教師から殴る蹴るの体罰を受けショック死した事件（１９８５年５月９日）、兵庫県立神戸高塚高校で、遅刻指導担当の教師（39歳）が校門の鉄製門扉を押して、登校中の石田僚子さん（高１・15歳）が門扉と門柱の間に挟まれ、頭がい骨骨折で死亡した事件（１９９０年７月６日）、福岡県飯塚市の近畿大学付属高校で、陣内知美さん（高２・16歳）が男性教師（29歳）から殴られ、コンクリートの壁に頭を打ち付けられて亡くなった事件（１９９５年７月17日）など、いずれも体罰による生徒の死亡事件です。

指導死についても大きく問題にされるのは、岐阜県立中津商業高校の竹内恵美さん（高２・17歳）が、陸上部の顧問（46歳）の暴力的指導を苦に自殺した事件（１９８５年３月23日）や、大阪府大阪市立桜宮高校のバスケットボール部主将の男子生徒（高２・17歳）が、顧問（47歳）の暴力的指導を苦に自殺した事件（２０１２年12月23日）など、有形の暴力を伴うものがほとんどです。

しかし、私が調べた68件の指導死中、有形の暴力を伴うものはわずか16件（24％）で、51件（75％）は有形の暴力を伴っていませんでした（残り1件は不明）。しかも、有形の暴力があった事例でも、暴力よりむしろ教師の言動が児童生徒を死に追いつめたとみられる事例が数多くあります。

子どもは、殴ったり蹴ったりの暴力や恐喝などがなくとも、言葉や態度での攻撃だけでも死ぬということはいじめ問題に関してはもはや常識ですが、教師の生徒指導についても同じように、有形の暴力を伴わなくても死ぬことがあると、私たち大人は認識しなければなりません。

文部科学省のいじめ定義は、「個々の行為が『いじめ』に当たるか否かの判断は、表面的・形式的に行うことなく、いじめられた児童生徒の立場に立って行うものとする。『いじめ』とは『当該児童生徒が、一定の人間関係のある者から、心理的、物理的な攻撃を受けたことにより、精神的な苦痛を感じているもの』とする。なお、起こった場所は学校の内外を問わない」となっています。

「表面的・形式的に行うことなく」「一定の人間関係のある者」とするなら、たとえ指導の一環であっても、教師の行為も含まれるのではないでしょうか。

いじめ問題の解決を目指すNPO法人ジェントルハートプロジェクトは、いじめを暴力の一形態であると定義し、アメリカのCAP（Child Assault Prevention）の暴力に対する考え方を取り入れています。すなわち、**「暴力とは、心と体を深く傷つける行為です。それは殴ったり、蹴ったりといった物理的、身体的暴力だけに限定しません。言葉や無視など、それが結果的に朝起きられなくなる、学校へ行こうとしても体が動かなくなる、気持ちが落ち込んでなにもする気がなくなる**

といったことが起きるなら、暴力に含まれます」。

指導の場合も、その結果、心理的な不安や恐怖から学校に行けなくなったり、死にたいという気持ちを誘発するようなものは、すべて暴力であると考えます。そして、暴力に当たるか当たらないかは、その行為をした側の事情や心情に左右されるのではなく、受けた側の心身の状況により判断されるべきです。

（B）絶対的権力関係のなかで行われている指導

有形の暴力を伴うものであれ、伴わないものであれ、指導は教師と生徒との圧倒的な立場の差のなかで行われています。昔に比べて教師の権威がなくなったと言われますが、とくに生徒指導や部活動において、教師は児童生徒に対して絶対的権力者です。内申点や推薦など児童生徒の処遇を握っており、受験や就職といった未来にも大きな影響を与えます。

有形の暴力も多くの場合、やり返される心配のないなかで行われています。

平成13年度の文部科学省の「生徒指導上の諸問題の現状と文部科学省の施策について」によれば、体罰で処分を受けた教員の担当教科は保健体育が最も多く、全体の31・2％を占めていました。体育教師は、他教科の教師に比べて体力があり、格闘技を身につけていることもあります。その腕っぷしの強さを買われて、生徒指導を任されることも少なくないようです。

よく暴力を振るう教師は、「言ってわからないから殴る」と言います。しかし、殴られた児童生徒からは「いきなりビンタが飛んできた」「何に対して怒られているのかがわからなかった」「謝ったが許してもらえなかった」などの言葉を聞くことは、よくあります。教師の思い込みや勘違いによる体罰も少なくありません。

殴られているのは、日ごろ威圧的な態度や暴力的な行為の目立つ生徒ではなく、小学生や女子生徒、特殊教育諸学校や学級の児童生徒、反省心を表している生徒であったり、生徒会や部活動でリーダー的な役割をするなど、教師を殴り返すなど到底しそうにもない生徒です。

有形の暴力はとくに、強豪校の部活動でかなり頻繁にみられます。体力、腕力では部員のほうが勝っていたとしても、顧問・監督は誰をレギュラーとして起用するか、試合から外すかの絶対的な権限を持っています。部員に暴力行為があれば試合出場停止や廃部になるなど厳しい処分が予想されます。そのため、仕返しされる恐れがないなかで行われています。そして、試合中にミスをした、試合に負けた、他の部員の気を引き締めるためなど、「部を強くするための指導」という大義名分のもとで暴力を振るわれています。

また、体罰は学校教育法11条で禁止されています。言葉で脅すことは脅迫罪、根拠のない疑いをかけることは名誉棄損罪、暴力をふるえば暴行罪、集団で暴力をふるえば暴行罪や共同不法行為、相手に怪我をさせれば暴行致傷罪など刑法犯罪にも問われます。生徒が規則を守らないからといって、教師が法令違反を犯すのは矛盾しています。

（C）複数による指導

指導死のなかで、複数の教師による指導が目につきます。それも、計画的なものではなく、児童生徒が叱られているのを見て、十分に情報共有されていない担任や他の教師が、加わって指導する場合もあります。結果、指導に役割分担や意思の統一はなく、ひとつの叱責をきっかけに、別の行為が問題にされたり（大貫事例、今野事例）、自分や仲間の問題行動等を密告させる（大貫事例、安達事例）ということが当たり前のように行われています。

これはかつて、校内暴力が吹き荒れた時代、学年の教師が協力しあって暴力的あるいは反抗的な生徒に対抗した名残りでしょうか。1980年代から90年代前半に書かれた体罰関係の書籍（注参照）を読むと、何かひとつ問題行動を起こした生徒が学年の教師全員から殴られたなどの記述がいくつも出てきます。

しかし、ここに出てくる大貫事例、西尾事例、井田事例、今野事例では、指導に至った経過などを十分に把握しないまま、加わって指導しているのでは、という疑いが持たれます。

教師や生徒から恐れられていて扱いが難しい生徒を指導するときには誰一人応援してくれない、あるいは誰も指導しようとしないにもかかわらず、反撃の恐れのない生徒を指導するときにだけ、我も我もと頼まれなくても寄ってくる、という話を教師から聞いたことがあります。生徒指導が教師の権力誇示やストレス発散に使われているのではないか、という疑念さえ浮かびます。

（D）指導直後の自殺が多い

原因となる出来事、あるいは指導から自殺までの間が極端に短いのが、指導死の特徴です。指導と自殺との時間的経過が不明の7事例を除く61件中、指導直前3件、指導中4件、直後9件、帰宅中あるいは帰宅後14件と、計30件、約半数がその日のうちに自殺しています。内15件は学校施設内での自殺です。そして翌日の登校前6件、欠席や不登校後の登校前5件、学校からの処分の知らせや課題提出や登校催促の直後4件、休み明け直前4件を合わせると48件、8割が教師からの次のフォローを待つことなく、自殺しています。

年齢別では、とくに小学生が指導死の15％（小学生の自殺は小・中・高全体の2％程度）を占めていますが、10人中8人が指導中もしくは帰宅中や帰宅後に自殺しています。小学生は教師の言動がきっかけで、衝動的に自殺をはかることがあるので、より注意が必要です。

（E）指導場面ごとの特徴

①教科に関わる指導

教科に関わる指導では、本人にとって多すぎる量や難しすぎる宿題や課題、それができなかったときのペナルティが大きすぎたり、他に救済の道がとられない、選択の余地がないなどの事情が、児童生徒、学生を精神的に追いつめていました。

課題や評価について、教師は絶対的な権限を有しています。時には、課題の提出が懲罰的な意味

指導死　1952(昭和27)年〜2013(平成25)年　年齢分布(未遂5人を含む)

(人)

小学校	2年生	4年生	5年生	6年生	計	中学校	1年生	2年生	3年生	計
計	1	1	2	6	10	計	6	14	4	24
(男女)	(1・0)	(0・1)	(2・0)	(5・1)	(8・2)	(男女)	(3・3)	(10・4)	(4・0)	(17・7)
高校	1年生	2年生	3年生	計		大学	1年生	2年生	計	総計
計	8	12	4	24		計	1	1	2	68
(男女)	(6・2)	(10・2)	(4・0)	(20・4)		(男女)	(0・1)	(0・1)	(0・2)	(49・19)

新聞等から、武田調べ

を持っていたり、添削や評価が恣意的であったりします。何が目的で、どこまでのレベルが要求されるべきなのか、生徒にとっても納得感がなければならないのではないでしょうか。

②問題行動等に関わる生徒指導

指導死の内48例71%が、問題行動等に関わる指導でした。ただし、問題行動等と言っても、授業中の態度の悪さやいたずら、カンニングや喫煙、不登校の生徒に登校を促す、友人関係まで幅広くあります。また、根拠のはっきりしない疑いや明らかな勘違いによる指導や体罰、同じ行動や失敗をしても他の児童生徒と一人だけ違う対応をとられるなど不公平感のあるもの、指導すべき行動より反抗的な態度が問題にされたり、自分や他の生徒の違反行為を告発させるものなどがありました。

指導方法は、行き当たりばったりの無計画なものが多く、十分に情報共有され

注

『体罰と子どもの人権』村上義雄・中川明・保坂展人編1986年　有斐閣
『教師の体罰と子どもの人権　現場からの報告』「子どもの人権と体罰」研究会編　1986年　学陽出版
『車輪の下の子どもたち』渥美雅子編　1988年　国土社
『私たちは、なぜ子どもを殴っていたのか。』麻生信子著　1988年　太郎次郎社
『父親の教育裁判奮戦記　暴力教師を訴えろ!』沢間俊太郎　1991年　駒草出版
『先生、娘を殴らないで　—富士市岳陽中学体罰事件—』渡辺法子著　1991年　風媒社
『北風より太陽を　体罰を否定し、子どもを受容する学校』小室節雄・今橋盛勝著　1992年　学陽書房

ていない教師による入れ代わり立ち代わりの多人数による指導（大貫事例、西尾事例、井田事例、今野事例）や、昼食も食べさせずに長時間にわたる事情聴取（井田事例、今野事例）、反省の態度を示している児童生徒をさらに精神的に追いつめる言葉がけ（大貫事例、西尾事例、井田事例、今野事例）、行為とは無関係な部活動の停止など見せしめ的な罰や連帯責任を課すもの（安達事例）などが、多くみられました。

このような指導により、部活動や生徒会でリーダー的存在だったり、成績優秀だったりするなど、普段非行とは無縁のまじめな生徒が、精神的に死へと追いつめられたケースが数多くありました。問題行動等に関わる指導のなかで、いじめなど生徒間の人間関係のトラブルについてが16件もあり、指導の難しさが窺えます。教師側がいじめ加害者であると決めつけをしたり、仲間を傷つけてしまった生徒の心情に配慮のない対応が目立ちます。いじめられた経験を持つ子どもが反撃したり、いじめをしてしまったときに、大人の対応がバランスを欠いていたり、心情に寄り添ったものでないと、不公平感に不満や怒りを感じたり、強い罪悪感から死に追いつめられてしまうことがあります。

また、指導死には分類されていないいじめ自殺のなかにも、教師が児童生徒のいじめを助長したり、対応のまずさから被害者に絶望感を抱かせ、自殺にまで追い込んだ例が多くみられます。

③部活動に関わる指導

部活動指導に関係する自殺は、部活内の人間関係に関わるものを含めて10件ありました。生徒指導とは無関係な試合中のミスや試合に負けたこと、他部員への見せしめのための暴言や暴力行為が多くみられました。

多くの子どもたちは、部活動に自分の夢や将来をかけています。文字どおり、命をかけています。また、スポーツ推薦などの場合、部活動を辞めることが学校を辞めることにつながることもあります。暴力を振るう指導者に対する嫌悪感や恐怖感と、今まで努力して積み上げてきたものを無駄にしたくない、家族の期待を裏切ったり負担をかけたくない、部活動を続けたいという思いとの板挟みになって、逃げたくても逃げられない状況にまで追いつめられたのではないでしょうか。

暴力的指導だけではなく、レギュラーを外されたり、練習や試合に出られないこと、部活動をやめろと言われたことなどが自殺の直接的な引き金になっています。また、退部届を受理されなかったり、部活動を辞めると学校を辞めることになる、将来の夢を閉ざす結果につながるなど、部活動を辞めたくても辞められない事情のなかで、追いつめられたケースが多く見られました。

(E) 指導が正当化される

たとえ子どもが、指導によって自殺に追い込まれても、学校や教師の指導が正当化されるのも、指導死の特徴です。時には有形の暴力を行使してさえ、「指導をうけるようなことをした子どもが悪い」「生徒のためを思っての行為だった」「死んだ子どもがたまたま弱かった」などと学校や教師の指導が正当化されます。それには、子どもたちに画一性を求め、教師には強い指導を望み、教育に即効性を期待する、社会の価値観が影響を与えていると思います。

裁判でさえ安全配慮を欠いた指導の不当性が認められることは少なく、何ら改善のための指針が出されないなかで、同じような指導が基で、子どもたちが傷つき、時には命を失っています。

2：何が、子どもを死に追いつめたのか

指導により自殺に追いつめられた子どもの背景には、どのような感情があったのでしょうか。

『自殺の対人関係理論』(Thomas E. Joiner Jr & M. David Rudd 2005 北村俊則監訳 2011年 日本評論社)には、「『所属感の減弱』『負担感の知覚』『身に着いた自殺潜在能力』の3つの組み合わせが、重篤な自殺企図あるいは自殺死にとって最も致命的であると予測」しています。また、「自殺願望の最も致命的なかたちは所属感の減弱と負担感の知覚という2つの苦しい対人関係の経験によって引き起こされる」と書かれています。指導死した子どもたちに当てはめてみても納得感があります。これらと合わせて、子どもたちを追いつめた背景をみてみたいと思います。

①所属感の減弱（居場所の喪失）

小学校、中学校、高校と、何よりも仲間が大切な時期です。連帯責任による部活動の停止や他生徒の違反行為の密告強要は、仲間関係を分断します。他の児童生徒の前での強い叱責、違反行為の発覚や疑いをもたれることは、居場所を失う恐怖につながります。また、些細なことがいじめへとつながる空気のなか、教師の言動は子どもたちにいじめの口実を与えます。とくにいじめや友だち関係に悩む児童生徒は、すでに所属感が希薄な状態にあります。教師の指導のまずさが、それを決定的なものにします。

②負担感の知覚（大きな精神的負担）

勉強にしても、部活動にしても、これ以上頑張れない、あるいはどんなに頑張っても報われないという思いは、負担感を増大させます。また、親の呼び出しや部活停止という罰や、仲間の違反行為の密告は、家族や仲間に迷惑をかけてしまうという負担感を抱かせます。そして、体罰や人格を貶《おとし》めるような指導は子どもから自尊感情を奪い、「こんな自分なんていないほうがまし」と思わせてしまいます。

③身についた自殺潜在能力

前掲『自殺の対人関係理論』によれば、「自殺によって死ぬことができるのは、過去において疼痛と刺激誘発的体験（自傷行為がその最たるものであるが、それに限らない）を十分にくぐり抜けてきたため自傷行為の恐怖と疼痛が習慣になり、それゆえに自己保存の要請が押し込められてしまった人たちのみである」としています。そして、「怪我、事故、暴力、命知らずな言動、軍隊での活動や、医師としての仕事などはわずかな例であるが、様々な程度の恐怖や疼痛を伴う体験が習慣化体験となりうる」「こうした種類の体験は、習慣化を通して、身についた自殺潜在能力を生み出し、これが致命的な自傷行為を実行する能力となる」としています。

継続的な体罰や部活動での激しい練習、暴力を伴う指導は、人生においてこれから待ち受けるであろう様々な困難に負けない強い精神を養ってほしい、という思いから派生したものかもしれません。しかし、それらは皮肉なことに、自殺に伴う痛みや、死への恐怖を乗り越える力になってしまった可能性も否定できません。

④強い怒りの感情

子どもたちの遺書には、強い怒りが自殺への直接的な引き金になったと察せられるものが多くあります。それは、教師の暴力に対して、話せばわかるのに殴られたという理不尽さや、なぜ自分だけがこんな目にあわなくてはならないのかという不公平感、無実であるのに疑われ、説明しても受け入れてもらえないという絶望感などが背景になっています。

教師との絶対的な力の差を前に、本来相手に向けられるはずの怒りが自分に向かったり、他に抵抗する手段を見つけられないなかで、抗議としての自殺であったことが推察されます。

⑤強い後悔の念

とくに優等生であったり、リーダー的な存在である子ども、まじめな子どもが、うっかりミスをしたり、後先考えずに軽い気持ちで、あるいは一時の激情に駆られて問題行動を起こしてしまった場合に、強い後悔の念が自殺に走らせることがあります。いたたまれない気持ちに対して、生徒から自尊心を奪うような指導が追い打ちをかけます。

⑥未来への希望が断たれたとき

有無を言わせない体罰や厳罰、教師の頑なな態度や決めつけなど、児童生徒がどれだけ言葉を尽くしても教師にわかってもらえない、気持ちが通じないという無力感を感じたとき、思考停止に陥ります。大人でも心理的に追いつめられたときには視野狭窄に陥ります。子どもはなおさら、大人に比べて経験や情報量も少ないため、周囲の大人が意識して、閉塞感からの脱出口を示したり、希望を見出せるようなフォローをしなければ、深い絶望感を感じてしまいます。現在、文部科学省によって推進されているゼロトレランス（zero tolerance ＝不寛容：生徒の違反行為に厳重な罰を一律に課す政策）の考え方は、子どもから思考と言葉、希望を奪ってしまいます。

⑦強い恐怖感や嫌悪感

日ごろ、親からも殴られたことのない子どもは、暴力に対して強い嫌悪感と死ぬほどの恐怖感を抱いています。いじめ自殺でも、「殺されるくらいなら、自分で死んだほうがまし」と遺書を残して自殺した男子生徒がいます。暴力のとらえ方や感じ方は成育環境など個人差が大きくあります。

⑧心身の疲労

多くの子どもが、試験勉強で寝不足が続いていたり（井田事例、仲村事例）、部活動などで肉体が疲労しているとき（金沢事例）、空腹時（井田事例、今野事例）などに指導を受けたときに、自殺に追い込まれています。大人の過労自殺が象徴するように、肉体的な疲労は健全な思考や生きるエネルギーを奪い、マイナス思考へと陥りやすくします。

3：指導死を招かないために

指導死を防ぐために国、学校、教師、親、それぞれやれることがあるのではないでしょうか。

(1) 国による正確な情報収集と分析

問題がそこにあることを認識できなければ、正しい防止策をとることはできません。現在、地方分権の流れから、学校から各教育委員会にあげられた事故報告書は、文部科学省に対して報告義務がありません。また、私立学校については、私立学校法第6条で、「所轄庁は、私立学校に対して、教育の調査、統計その他に関し必要な報告書の提出を求めることができる」とありますが、国や行政は積極的な情報収集に努めていません。

事件事故にしても、自殺にしても、ひとつの学校で起きていることは、国内の別の学校でも起こり得ます。各自治体やメディアに任せておいたのでは、子どもの命に関わる重要な情報が共有されません。再発防止の観点から、国が責任をもって情報収集し、分析、対策を立てて、国内のすべての学校・教師に浸透させる必要があります。

また、事故報告書については一部の自治体で体罰に関してすでに行われているように、事故報告書の書式に、被害にあった児童生徒や親の意見を記入する欄を設けるべきです。学校関係者が当事者の子どもや保護者に内容を確認することなく、教師の言い分だけを事故報告書にあげてきた結果、不正確な内容や嘘が書かれたり、報告そのものが出されないなど、数々の隠ぺいが行われてきました。事実に基づかないデータを積み上げても、再発防止のための適切な判断を誤らせるだけです。

(2) 児童生徒の人権の尊重

日本は1994年に「子どもの権利条約」を批准しています。児童権利条約には、児童の最善の利益(第3条)、児童の生命及び発達の権利(第6条)、意見表明権(第12条)、拷問や非人道的、品位を傷つける取扱いの禁止(第37条)、などが謳われています。

児童生徒の人権はいかなる場合でも尊重されるべきです。具体的には、暴力を振るわない、人格否定しない、見せしめ的な罰を与えない。たとえ何か失敗をしたときにも、その子どもの最善の利益が考慮されるべきです。行為と罰則とのバランスを考慮し、やり直しの可能性を示唆し、希望や自尊感情を奪わないことです。

これは、学校教師だけではなく親にも言えることです。子どもに期待をかけすぎて、かえって未来への選択肢を狭めていないか、一度でも失敗したら二度とやり直すことはできないと無意識のうちに負のメッセージを子どもに伝えていないか、振り返る必要があります。

(3) 懲戒を実施する上での留意点

国立教育政策研究所生徒指導研究センターの平成18年5月付け『「生徒指導体制の在り方についての調査研究」報告書――規範意識の醸成を目指して――』には、懲戒はあくまでも教育的な観点に基づいて行われる必要があり、以下のような点に配慮する必要があるとしています。

「懲戒を実施する上での留意点」（国立教育政策研究所生徒指導研究センター作成）

①教育的観点から安易な判断のもとで懲戒が行われることがないよう、その必要性を慎重に検討して行うこと。

②適正な手続きを経て処分を決定すること。（適正な手続きとは、例えば、十分な事実関係の調査、本人等からの事情聴取等弁明の機会の設定、保護者を含めた必要な連絡や指導、適切な処

分方法等の通知、などが考えられる）
③体罰に該当するような懲戒は認められないこと。（体罰に該当するような懲戒とは、ア：例えば、殴る、蹴るなどの身体に対する侵害を内容とする懲戒。イ：例えば、特定の姿勢を長時間にわたって保持させるなどの肉体的な苦痛を与えるような懲戒、などが考えられる）
④日常のしっ責や注意の在り方に留意すること（主な留意点としては、
ア：その場の環境や対象となる児童生徒の発達段階や実態に応じて、効果が変わるので、的確な判断が必要であること（機械的、形式的な処置であってはならないこと）、
イ：懲戒の理由が児童生徒等に理解されていること、
ウ：公平であること（不公平、不当さがあるような処置であってはならないこと）、
エ：感情的であったり、他の子ども達への見せしめであるような処分ではないこと、
オ：教師間で指導や処分に差やブレが生じないようにすること、
カ：処分中又は事後の教育的な指導を適切に行うこと、
などが考えられる）。（http://www.nier.go.jp/shido/centerhp/seito/seitohoukoku.pdf）
とあります。
また、同研究所の生徒指導リーフレットには、以下の2点が重要と書かれています。
①自校の児童生徒をどのような児童生徒へと育んでいくのか、どのような働きかけであれば望ましい大人へと成長・発達していってくれると考えられるのかを明確にし、それが実現するよう

な働きかけを計画的に行う。

②それと同時に、臨機応変に行われる時々の働きかけについても、同じ一つの方向性の中でなされていくようにする。

これらのことを教育現場で認識し、指導について話し合い、正しい働きかけになっているかチェックすることが、不可欠ではないでしょうか。

（4）指導する教師へのメッセージ

指導死は他の自殺とは違って、指導直前、指導中、指導直後の自殺が多いことはすでに述べました。つまり、教師が子どもを死に追いつめない指導をすることでしか、直接防止する手立てはないのです。子どもは間違いを繰り返しながら成長していくもので、衝動的であり、視野狭窄になりやすいと認識して指導するしかないのです。

問題行動が見つかったり、叱られた児童生徒は強いショックを受けることがあります。大人でさえ、自殺を防止するために保護の観点から、警察が容疑者の身柄を拘束することがあります。子どもであればなおさら安全への配慮から、「指導中に一人にしない」「目を離さない」ことは、生徒指導の基本です。帰宅させる際にも、ケアにつながる言葉がけをしてください。落ち込み度合いによっては、保護者に引き渡すまで一緒にいる、保護者に対してもあまり強く叱らないよう要請するなど、フォローすることが必要です。

生徒指導は、指導を受ける生徒の立ち直りと、子どもたち全員が安全に、安心して教育を受ける権利を守るためにあります。それが、教師の個人的な感情や規律を乱されたくないという学校管理上の都合、学校や教師個人が評価を得るための指導になってはいないでしょうか。教育の目的に照らせば、指導を受けた子どもが学校に来られなくなってしまったり、まして死んでしまったら、どんなに相手のことを思ってのことであっても、結果的に指導の失敗、あるいは教育の失敗です。

鳴門教育大学大学院の安藤恵氏が、某都市3校の中学2年生に、学校に行く理由を調査した結果、1位が友だち、2位が部活、3位が進学・進路だったそうです。多くの子どもにとって、学校は世界のすべてです。その世界で最も大切なものを取り上げることは、絶望感につながります。大切な仲間や将来への希望を奪うような指導は、けっしてしないよう心がけてください。

もし、教師が子どもに対して、「君のことが大切だ」「あなたのことが心配なんだ」というメッセージを常に届けることができていたら、強く叱った際にも、この言葉をきちんと伝えていたら、子どもは死なずにすんだかもしれません。あるいは、子どもの言葉や気持ちをきちんと受け止めて、子ども自身が「先生は自分の気持ちを理解してくれている」「話せばわかってもらえる」と信じることができていたら、死なずにすんだと思います。

指導を受ける子どもが今、何を思っているのか、どう感じているのか、想像し共感する力、そして相手の気持ちを引き出し聴き取る力、あるいは自分の思いを伝える力を養ってください。そうすれば、体罰も叱責も無用なはずです。子どもを励ます指導になるでしょう。

いじめ問題で私は先生方に「どの子がいじめをしているのか、されているのか、複雑な人間関係で迷ったなら、このまま放置していたら追いつめられてしまうのはどの子なのかを考えてください。そして、そのより追いつめられてしまう子どもをサポートしてください」とお願いしています。

生徒指導も同じです。その時の子どもの気持ちを想像するだけでなく、次の日、この子が活き活きと学校生活を送るためには、どんなサポートが必要なのかを考えてください。子どもは失敗を積み重ねる中から様々なことを学び取っていきます。子どもの成長の糧となるような、心のこもった指導をしてください。

また、他クラスの問題には口を挟まない、互いのやり方を批判しないという教師間の暗黙のルールと人間関係の希薄さが、他の教師の暴力や暴言を容認することにつながっています。いじめ問題で大人たちは、「傍観者もいじめの加害者だ」と子どもたちに言っています。同じことが、教師の不適切な生徒指導にも言えるのではないでしょうか。子どもの心や体に深い傷を残すような教師の不適切な言動を直接的に止められるのは、学校管理職と同僚の先生方だけです。これ以上、学校で傷つけられる子どもたちを出さないでください。どうか、指導死から目をそらさないでください。

子ども一人ひとりが安心して学べる学校を共につくっていきたいと思います。

V

問われているのは「指導」であって、子どもではない

京都精華大学准教授
住友　剛

1 :「指導死」という言葉が問いかけていること

信田さよ子はドメスティック・バイオレンス（DV）の加害・被害の関係について、「自らの受けた影響・傷つきを被害であると認知し被害者性が構築されて、はじめて加害者という存在が生まれる。DVという言葉がなければ、夫の行為は暴力と認定されず、したがって被害者は存在しなかった」という。また、信田は「DVということばによって、暴力という定義が生まれ、被害者性が構築されるようになったのだ」ともいう。〈注1〉

本稿が扱う主題「指導死」（以後カギカッコ省略）の認知もまた、この信田のいうDVの認知と相通じる部分がある。なぜなら、指導死という言葉は、学校での諸問題に起因する子どもの死について、遺族側から新たな切り口で加害・被害の関係を見ていこうとする言葉だからである。ちなみに指導死は現在、遺族の側から次のように定義されている。

①一般に「指導」と理解されている教員の行為により、子どもが精神的あるいは肉体的に追い詰められ、自殺すること
②指導方法として妥当性を欠くと思われるものでも、学校でよく行われる行為であれば「指導」

と捉える（些細な行為による停学、連帯責任、長時間の事情聴取・事実確認など）

③自殺の原因が「指導そのもの」や「指導をきっかけとした」と想定できるもの（指導から自殺までの時間が短い場合や、他の要因を見いだすことがきわめて困難なもの）

④暴力を用いた指導が日本では少なくなく、本来なら「暴行・傷害」と考えるべきだが、広義の「指導死」と捉える場合もある〈注2〉

この定義から何が問われているのかといえば、学校における教員の「指導」（以後カギカッコ省略）と称する行為と子どもの自殺との関係である。それが直接的なきっかけになっているのか、背景要因のひとつとして重要であるのかは個々のケースによって幅があるにせよ、遺族の側から見れば、我が子が死に至るまでのプロセスにおいて、何らかの形で教員の指導が深く関係しているのではないか。そのように考えざるを得ない子どもの自殺、これを遺族たちは指導死と呼ぶわけである。

したがって、我が子の死に至る経過で、教員の指導がどのような形で心理的・身体的に重くのしかかっていたのか。遺族は指導死という言葉を用いて、我が子の死に至る経過の検証作業、特に教員の指導の内実を問う作業を切実に求める。ただし、この経過を検証し、その結果を知ることの重要性それ自体は、学校事故やいじめ自殺など、指導死以外の他のケースで我が子を亡くした遺族た

注1　信田さよ子「DV加害者」『現代のエスプリ491　加害者臨床』至文堂、2008年、89頁。
注2　「指導死『41人』の衝撃」『AERA』2013年2月4日号、26頁。

ちとも共通する課題である〈注3〉。

ただ私が見たところ、指導死に限らず、子ども・若者の自殺の問題をめぐって、たとえば当該の子ども・若者が置かれていた学校生活や学校における教員の指導のありようを掘り下げ、検証していく作業は、これまで十分に行われたとは言い難い。また、子ども・若者の自殺に関する研究者の側に、亡くなった子ども・若者の置かれていた学校生活や教員の指導の内実への関心が強いかといえば、そうではないと認めざるを得ない。

たとえば高橋祥友『自殺予防』（岩波新書）は、「自殺は、自由意思に基づいて選択された死などではけっしてなく、いわば『強制された死』であるというのが精神科医としての私の実感である」「心の病のために判断力がひどく低下し、自分を責め、死ぬより他に解決策は見当たらないといった思考法に陥っている人に働きかけて、極端に狭められてしまった視野を広げる役割を果たすことは可能なのだ〈注4〉」という。

だとすれば、指導死の事案についても、ひとりひとりの亡くなった子どもの判断力が低下し、死ぬよりほかに解決策が見当たらない状態に陥るプロセスを、教員の指導や学校のあり方との関係において解明していくこと。そのことが、今後、子ども・若者の自殺防止に関して必要不可欠であろう。しかし『自殺予防』において、指導死を含む子ども・若者の自殺の背景要因を、学校の状況や教員の指導と結び付けて考察した章・節は見当たらない。

一方、『自殺予防』において、高橋は川人博『過労自殺』（岩波新書）を参照し、「常軌を逸する長時間労働」などがうつ状態を引き起こすなどの「業務起因性」や、使用者が従業員の心身の健康を損なわないようにする「安全配慮義務」などを、最高裁の判例が認めたケースを紹介している〈注5〉。指導死という言葉が問いかけているのは、まさにこの過労自殺の問題と同様に、学校における教員の指導が子どもの心身の危機を生じさせていないか、学校には子どもの安全・安心を守る義務があるのではないか、ということである。

ところで、文部科学省が2009年3月に作成したリーフレット「教師が知っておきたい子どもの自殺予防」では、「自殺に追いつめられる子どもの心理」として、「自殺はある日突然、何の前触れもなく起こるというよりも、長い時間かかって徐々に危険な心理状態に陥っていくのが一般的です」といい、「ひどい孤立感」「無価値感」「強い怒り」「苦しみが永遠に続くという思い込み」「心理的視野狭窄」などの共通性を挙げる。

では、子どもがこのような心理状態を形成するプロセスに、学校の体質や教員の指導のあり方がどのように関わっているのか。あるいは亡くなった子どもの家庭環境や本人の性格傾向にいくら課

注3　「事実経過を知りたい」という願いなど、学校で我が子を亡くした遺族たちが直面する諸課題などについては、拙稿「子どもの死亡事故・事件の遺族側から見た学校保健安全法―「事後対応」のあり方をめぐって」『京都精華大学紀要』第38号、2011年を参照。
注4　高橋祥友『自殺予防』岩波新書、2006年、7頁。
注5　同上、36〜39頁。また、この事例そのものは川人博『過労自殺』(岩波新書、1998年)の「第一章　事例から」のうち、「3　24歳・広告代理店社員の死」を参照。

題があったとしても、学校で教員がその子どもと適切に関われなかったのはなぜか。前記リーフレットではこの問題についてふれていないが、指導死という言葉は、まさにそこを解明するよう求めている言葉なのである。ちなみに、高橋はこのリーフレットなどを作成した文部科学省「児童生徒の自殺予防に関する調査研究協力者会議」の委員でもある。

2：教育現場に生じる暴力と指導死 ——先行研究の示唆すること——

先に述べたとおり、子ども・若者の自殺に関する研究者の側では、亡くなった子どもの学校生活や教員の指導の内実に関する関心は弱い。だが、学校における教員の指導がはらむ暴力的な側面については、これまで教育学などの諸領域において、全く研究がなかったわけではない。なぜそれを今、数々の指導死の事例を前に、子ども・若者の自殺に関する研究者が参照しないのか。そのことが、私には不思議でならない。たとえば教育哲学の研究者・丸山恭司は、「教育現場に生じる暴力」を次の4つに整理している。指導死を考えるヒントが詰まった文章であるので、ここで紹介しておきたい。

①身体的暴力　感情的なものであれ、意図的・計画的なものであれ、体罰のように身体的な苦痛を与える暴力を手段として用いる。

②規範的暴力　学校ではさまざまな規範が強制される。また、その規範に従わない者を罰することが別の規範によって正当化されている。中心階層の価値観に従って教育内容が選択されるため、出身階層の価値観と相容れない知識や道徳規範が強制されることにもなる。

③認識論的暴力　子ども理解と称して特定の表象を一方的に強制する。子どもに関する諸研究が科学の名の下にこの表象を強化する。人物評価・学業成績という固定的な表象が社会的な選別に利用されている。言葉の暴力もここに入れることができる。

④関係論的暴力　「子どものため」と信じて子どもの未来を先取りする。今は苦しくても将来のためになると思われることを強制する。子どもはこの強制に服従することが二重に強いられている。子どもはまだ何が価値あることなのかを判断できないことを理由に、服従することしか許されていない。愛を拒絶してさらなる迫害を受けないためにも従順であるしかないのである。

これらの暴力はそれぞれの暴力性をお互いに隠蔽し合うように密接に関連し、教育現場の一つの暴力構造を形成している。たとえば、教室のしきたりに即して学ぼうとしない転校生に対し、「お前のため」と称して、従順であるべきとする規範を体罰によって強制し、そのあげくに「協調性に欠ける」といった評価を下すように。ただ、留意しておかなくてはならないのは、これらの暴力が善意から行われ、しばしば教育成果をともなっている（ように見える）点である。善意や成果は必ずしも暴力を隠蔽する単なるカモフラージュではなく、暴力性とともに教育行為を特徴づけるもう一方の側面である。むしろ問題は、〈教育現場〉の問題構制が、過度の教育期待に応えなくてはならないとする強迫観念を教師に強いる際に、善意や教育成果を一面的に強調し過ぎることにある。〈教育現場〉において教育行為が単純化して捉えられることにより、その暴力性は隠蔽され、気づかれぬままいっそう増幅されてしまうのである。〈注6〉

本書に収録されている指導死の数々の事例とは、まさに、この丸山の指摘する「教育現場に生じる暴力」が露わになったものではないか。

たとえば指導死の事例にあるように、ルール違反が見つかったひとりの生徒を長時間、狭い部屋で、複数の教員が指導し、出口のないところにまで追い詰めることができるのは、「学校のルールに従わない生徒は徹底的に罰してもよい」という教員側の意識があってのことであろう。あるいは、「ここでこのようなルール違反を許してしまえば、先々、悪い方向に向かいかねない」と考え、まさに「この生徒のため」という「善意」で、教員側はルールへの服従を子どもに強いていくケースもありうる。そして、このような教員と生徒の関係のなかで、教員の指導への強い怒りを感じつつも、この指導に伴う苦しみが今後も続くと感じ、心理的視野狭窄の状態が起きてくると考えれば、指導死はまさに「教育現場に生じる暴力」が生み出したものといえる。

また、このような「教育現場における暴力」は、今から少なくとも30年近く前から、教育学及び子どもの人権論、特に教育実践における子どもの人権に関する議論において、さまざまな形で問題視されてきたことでもある。たとえば教育法学の研究者・今橋盛勝は、「子どもたちは学校生活・

授業の中で、辱められ自尊心を傷つけられたり、恐怖感を覚える扱いを受けたり、目撃することがある」〈注7〉として、次のように言う。

不当な決めつけ、成績・好き嫌い・性による差別、辱める扱い、親の職業に対する非難、ことばによる辱め、誤った判断による非難は、子どもの人格形成上も、学校生活上も、深刻な問題をはらんでいる。そうした扱いを受けることによって、学校生活は不快なものとなり、学習意欲を損ない、教師に反発し、恐怖感を持ったり、嫌悪したりする危険性をはらんでいる。いじめや登校拒否の原因になる可能性も少なくない。

また、目撃することによって過剰なほど緊張し自己抑制的になったり、さらに、自分が傷つかないように、その生徒を一緒になって内心で非難したりする可能性もある。

これらの事例は、子どもも一個の人間であり、人間としての尊厳を持っているという観念、つまり、憲法上の人権を保障された主体であるという認識がないことに根ざしている。生徒の名誉・人格、プライバシーを侵害し、不当に差別したり、適正な事実確認なしに教育的に誤った懲戒をすることは、子どもの人権の著しい侵害に当たるのである。〈注8〉

注6　丸山恭司「教育現場の暴力性と学習者の他者性」『岩波応用倫理学講義6　教育』岩波書店、2005年、126〜128頁
注7　今橋盛勝『いじめ・体罰と父母の教育権』岩波ブックレットNo.191、1991年、26頁。
注8　同右、27頁。

あるいは、心理学研究者の岡山超は、「教育的にみた『体罰』の弊害」として、「a．望ましくない回避行動の学習」「b．教師・学級・学校からの逃避」「c．欲求不満と緊張回避行動」「d．教師―子ども関係の崩壊」を挙げる。

aは「体罰は子どもに強い恐怖を与える。したがって子どもは、体罰を回避するために、しばしば望ましくない行動を学習することになる。すなわち、表裏をとりつくろうこと、要領よく立ち回ること、上手にごまかしたりウソをついたりすること、他人に責任を転嫁することなど〈注9〉」である。

bは「体罰が過酷であれば、それだけ罰場面に対して恐怖が条件づけられる。また、学校内体罰は多くのばあい他の子どもの面前で加えられるから、当の子どもの自尊心を傷つけ、屈辱感を抱かせることになる。それを見ている子どもたちにも恐怖や不安を与えるであろう〈注10〉」ということである。

cは「体罰は、子どもを強い欲求不満におとし入れる。このような緊張は、何らかのかたちで解消されねばならぬ、というのは力動心理学の常識である。子どもは望ましくない行動（暴走・粗暴行為・飲酒・シンナー・享楽的行動等）でこの緊張の解消を図ろうとするかもしれないし、教師や学校への攻撃行動で緊張解消を試みるかも知れない〈注11〉」ということである。そしてdは、次のとおりである。

教育的にみて、体罰の最大の弊害は、教師―子ども関係の悪化という問題であろう。子どもが加罰者である教師に対して、怒り、憎しみ、うらみ、嫌悪、不信等の感情を抱くことは不可避であ

ろう。
よく「お前が可愛いからこそ打つのだ」とか「これは愛のムチだ」などと言うのだが、これはたいていの場合加罰者の自己弁護であって、打たれる子どもの方からみれば、体罰を受けながら愛情を感じ取ることなどあり得ない。もしかりに、子どもが体罰を受けて、そこに教師の愛情を感じ取れるほどの信頼関係が成立しているとすれば、そもそも体罰など必要としないはずだ。〈注12〉

さらに、1985年5月には岐阜県立岐陽高校の2年生男子生徒が、修学旅行に持ち込んではいけないブラシ付きドライヤーを使ったという理由で、担任に暴行を加えられ、その日のうちに病院で死に至るという事件が起きた。また、同じ年の3月には、岐阜県の中津高校2年生の女子生徒が、陸上部の監督のしごきや体罰に耐え切れず、遺書を残して自殺する事件も起きた。これらはいずれも指導死と呼ぶことができるが、このような事例に関連させながら、小沢有作は次のように言う。これが1980年代半ばの議論であることをよく認識していただきたい。次の小沢の述べるところは、今も重要なことばかりである。

注9　岡山超「子どもの発達と体罰」牧柾名・今橋盛勝編著『教師の懲戒と体罰』総合労働研究所、1982年、111頁。
注10　同右、112頁。
注11　同右、112〜113頁。
注12　同右、113〜114頁。

体罰は、身体の痛さの問題ではなくて、人間としての誇りを踏みにじられる痛さ、自分を否定されるくやしさの問題なのです。体罰は殴られる側にとって人間的な屈辱、精神の損傷をもたらします。〈注13〉

「体罰」という教育用語を使っていますが、生徒には抵抗権が認められていません。これは教師による一方的な暴力ではないでしょうか。それが生徒の死や傷害をもたらすことさえあるのです。しかも、そうなった場合でも、教師は法律によって守られて無罪とか軽い罪で済んでしまいます。教師は、教師という特権に座していることを、自覚すべきです。私たちも、学校の中で教育の名を借りた教師の暴力を許してはなりません。〈注14〉

指導死のなかには、本書で取り上げているように、教員の体罰が直接・間接に影響を及ぼして生じているものも含まれているのだが、すでに30年近くも前からこのように体罰の弊害が教育学や心理学の領域では指摘されている。また、子どもの人権論の領域では体罰だけでなく、子どもの自尊心を傷つけるような教員の言動、罰の与え方にまで踏み込んで批判が行われてきた。これらのことをふまえるならば、①指導死の事例のひとつひとつについて、教育学・心理学などの多様な観点から子どもが死に至る経過をふりかえり、亡くなった子どもにどのような心理的重圧がかかっていたのかを検証していくこと。②その検証結果をふまえて指導の何が問題であったかを明らかにして、

そこから別の指導方法を考案・実施すること。この2つのことが、指導死を防ぐ上でまずは当面、必要な取り組みである。

ところで、おとなの労働問題において、「職場において、地位や人間関係で弱い立場の相手に対して、くりかえし精神的または身体的な苦痛を与えることにより、結果として働く人たちの権利を侵害し、職場環境を悪化させる行為」を、「パワー・ハラスメント」と呼ぶ。〈注15〉また、パワー・ハラスメントをめぐる訴訟事例では、上司からの叱責や過重に心理的負荷を与えるような業務の指示などがうつ状態を悪化させ、自殺へと追い込んだと認められているケースもある。〈注16〉このような事例を参考に、指導死のケースを「学校の教員による子どもへのハラスメント行為」という観点から検討することもできる。

さらに、児童虐待の防止等に関する法律第2条に定義する「身体的虐待」や「心理的虐待」などの観点から、学校における指導死を検討していくこともできるのではないか。指導死に関する議論への問題提起として、「ハラスメント」あるいは「虐待」という2つの観点からの検討のすじ道もありうることをここで記しておきたい。

注13　小沢有作「学校の状況・子どもの訴え」山本哲士編『小さなテツガクシャたち』新曜社、1986年、16頁。
注14　前出「学校の状況・子どもの訴え」、17頁。
注15　金子雅臣『職場でできるパワハラ解決法』日本評論社、2011年、48頁。
注16　前出『職場でできるパワハラ解決法』第四章「裁判でみるパワーハラスメント」所収の「日本ヘルス工業事件」(96~98頁)、「前田道路事件」(99~100頁)などを参照。

そして、国連子どもの権利委員会が日本政府に対して、２０１０年、学校や家庭、代替的養護現場を含む「あらゆる場面における体罰の禁止を効果的に実施すること」や、「非暴力的な形態のしつけ及び規律」についてのキャンペーン・広報プログラムの実施を「強く勧告」していることを忘れてはならない〈注17〉。

3：「形にこだわる」指導の背景にあるもの

ただ問題は、長年にわたって指摘されてきた「教育現場の暴力」の問題が、なぜ今まで抜本的な是正策がとられることもなく続いているのか、ということである。このことに関連して、先に紹介した丸山恭司は、次のようにも言う。

〈教育現場〉に身を置く教師が教育期待に応えようと努力することは、確かに、職務の一部であろう。しかし、教育愛をもって子どもに接し、教育成果を上げることができたとしても、自覚されないまま教育行為が暴力となっているかもしれない。教育愛や勤勉さのみならず、教育行為の不確定性への感覚―悲劇的感覚―もまた、子どもを前にした者の倫理の基盤となろう。教育のもつ暴力性を意識しようとする態度、教育行為の多義性に鋭敏であろうとする態度が教育の倫理的態度として求められるのである。ただその一方で、教育期待に突き動かされる教師のみならず、外から教育現場を見守る人たちにも、教育行為のこうした特性を了解してもらわなければ、〈教育現場〉の問題構制を弛緩させることは難しいだろう。〈注18〉

特に注目したいのは、この引用部分の最後、「外から教育現場を見守る人たちにも、教育行為のこうした特性を了解してもらわなければ」という部分である。体罰や暴言、子どもに屈辱感を与えるなど、指導死につながる危険性を有する教員の指導方法は、実は教員だけでなく、保護者や地域社会の人々など、学校外からも支持・容認されている側面があるのではないか。ここを問うことも今、指導死を考える上で重要である。

たとえば体罰については、学校の教員のみならず、保護者や地域社会の人々の側にも肯定的な意識がある。２０１２年12月に大阪市内の公立高校で部活顧問の体罰・暴言を背景に生徒の自殺が起きたが、これに関する毎日新聞の世論調査（２０１３年2月2日、３日実施）の結果を見ると、体罰を「一切認めるべきではない」との回答が53％、「一定の範囲で認めてもよい」との容認派が42％

注17　国連子どもの権利委員会から日本政府への２０１０年総括所見（勧告）の内容については、子どもの権利条約NGOレポート連絡会議編『子どもの権利条約から見た日本の子ども』現代人文社、２０１１年を参照。なお、体罰・いじめ問題など学校における暴力の防止については、２０１０年以外にも１９９８年、２００４年と二度、国連子どもの権利委員会から日本政府には勧告が出されている。若者の自殺防止についても同様である。

注18　前出「教育現場の暴力性と学習者の他者性」130頁。

であったという。〈注19〉また、別の毎日新聞の記事によると、福岡県春日市教育委員会が市立小中学校の教職員573人を対象に行った調査では、体罰を指導上仕方がないという容認派が中学校40％、小学校13％いたとのことである。〈注20〉このような点から見ると、たとえ指導死に至る危険性があっても体罰を行使し続ける教員たちのふるまいは、学校内外の体罰容認意識が肯定しているともいえる。

一方、麻生信子は1987年、自分の勤務する福岡県内の公立中学校で体罰事件が生じたことをきっかけに、『私たちは、なぜ子どもを殴っていたのか。』という本をまとめた。この本のなかで、麻生は次のように言う。

体罰事件が明るみにでるたびに、教育委員会や校長も、「体罰はいけないと言っているが……」とコメントを出すが、教育委員会や校長が本気で体罰をなくそうとしているなどとは、だれも信じてはいない。新聞のコメント用のことばにすぎない。君が代・日の丸への情熱と対比してみればよくわかる。体罰一掃に熱のないことが。

なぜこうも、行政に熱意が薄く、管理職・教師も一体となって体罰を容認するのだろうか。それは、いま、教育界がひとえに実証・立証されるもの、つまり、学校にちょっと足を踏み入れただけのものにもすぐに見える服装や態度をきちんと整えるという態度主義を要求され、教師もそのなかに埋没し、きわめて効きめの速い体罰に頼ってしまっているからである。教育が子どもの人生にどういう作用をおよぼすかより、即効的に子どもの態度を変えたいという要求や願望が優

━先してしまうのだ。〈注21〉

ここで麻生が指摘する「態度主義」、すなわち「即効的に子どもの態度を変えたいという要求や願望」や、あるいは、「ひとえに実証・立証されるもの」へのこだわり、ここに私たちは注目する必要がある。このことは、指導死の事例に共通して浮かび上がってくることではないか。

たとえば以下の引用は、1990年7月に兵庫県立神戸高塚高校で起きた「校門圧死事件」の背景を考察して、ある元高校教員が書いたものである。この事件は学校事故の例であるが、高校での生徒指導のあり方が背景にあった。始業のチャイムが鳴っても生徒が遅れて校門が入ってくる様子に対して、それに教員もいらだつが、そこに輪をかけるように地域の人々や保護者から「ひどい学校だ、先生は何をしているんだ」という声が出たり、「問題のある学校」というレッテルが貼られることについて、この元教員は次のように述べる。

━そのような中では、教育とは何か、という最も原則的なことがすっかり忘れられ、ただ、ひた

注19 毎日新聞大阪版朝刊2013年2月4日付け記事「毎日新聞世論調査：体罰「一定容認」42％「認めるべきでない」53％」を参照。
注20 毎日新聞2013年2月19日付け記事「福岡・春日市教委：体罰容認、中学校で4割小学校13％」を参照。
注21 麻生信子『私たちは、なぜ子どもを殴っていたのか。』太郎次郎社、1988年、20～21頁。

すら、「遅刻をなくす」ことが第一義的な目的になってしまう。遅刻する生徒に対して門を閉め、さらに罰則としてグラウンドを走らせたりして、遅刻が減少すると、また地域の声が聞こえてくる。「『厳しい指導』のお陰で学校がよくなった」と評価する。その方法の是非は決して問わない。いや、それどころか、情け容赦なく、何も考えずに「遅刻指導」をする教員を「厳しい指導をする、よい先生」と幻想し、助長する風潮すらある。

このことは、服装や頭髪についても同様で、校則を遵守しているかどうかだけが問題で、指導の意味は消える。さらに、地域の「評価」を気にして、昼休み校外に生徒を外出させないために、校門を閉鎖し教師が立ち番をする。そうすると、近隣の人たちは、「厳しい指導」のお陰で学校がよくなったと「評価」する。〈注22〉

この引用部分から浮かび上がってくるのは、学校外の人々の「ひとえに実証・立証されるもの」や「目に見える成果」へのこだわりと、学校の教員たちの指導との関係である。教員たちが「目に見える成果」や「ひとえに実証・立証されるもの」にこだわり、「即効的に子どもの態度を変えたいという願望」を抱く背景には、「『厳しい指導』のお陰で学校がよくなった」と、学校外の人々が学校及び教員を見つめるまなざしも深くかかわっているのではないか。だからこそ、たとえ指導死

に至る危険性のある指導方法を用いていても、「目に見える成果」を挙げた教員は、学校の内外で「よい教員」として評価されることにつながるのであろう。

しかし、「外から目に見える形で、子どもの態度が変容したように」見える結果を出そうと、「とにかく、子どもに言うことをきかせる」指導をするときに、学校や教員の側には、その指導の「対象」である子ども側の気持ち、置かれている状態が見えているのだろうか。

たとえば、先に紹介した校門圧死事件のとき、始業時刻のチャイムの音を聴いて校門の鉄扉を思い切り閉めた教員には、門扉のすきまを潜り込もうとした生徒の姿がよく見えなかった。〈注23〉この教員は、自らの生徒指導について、次のように語っている。

生徒に言うことを聞かせるには、教師の力で無理やり押さえつけるか、教師の姿勢や意欲を生徒にぶつけ、教師に対して「一目おかせる」かだろう。いずれの方法をとるにしろ(もちろん後者のやり方が正しい)、まず言うことを聞かせることがどうしても必要である。そうしないと生徒間に蔓延しているだらしなさは、やがて形となって表われてくる。遅刻・欠席が多い。時間にルーズ。服装がだらしない。教室や廊下が汚い。授業中うるさい。掃除をしない。学校の備品を

注22　柿沼昌芳・永野恒雄編著『学校の中の事件と犯罪2　1986～2001』批評社、2002年、40頁。
注23　前出『学校の中の事件と犯罪2　1986～2001』35～37頁。
注24　細井敏彦『校門の時計だけが知っている　私の「校門圧死事件」』草思社、1993年、104頁。

破壊する。盗難が相次ぐ。こんな状態は際限なく続く〈注24〉。

生徒たちが学校で荒れている状態などを前にして、この教員の「なんとかしなければ」という思いは理解できる。だが、たとえば遅刻・欠席をくり返すなどの状態にある生徒の側が何を感じているのか、子どもの声に耳を傾けたのか、ということ。あるいは、生徒たちがなぜそのような状態に陥っているのかを、教員として誠実に理解しようと努めること。この2つのことは、上記の引用部分からは読み取れない。むしろ、この教員にとって重要なのは、生徒たちが自分たちの指導に従い、「見た目」が変化することであったのではないか。そのように考えるならば、この教員は、子どもの声を聴かず、子ども側の事情などをよく確認しないまま、「外から目に見える形を整える」ために「子どもに言うことをきかせる」指導を徹底した。その指導の結果として、校門圧死事件が起きたともいえるのではなかろうか。

「子どもに言うことをきかせる」教員の指導を通じて「外から目に見える形を整える」ことを最優先する学校のあり方と、これを支持・容認する保護者や地域の人々など、学校外の人々の意識の関係。ここを問い直し、別のあり方へと置き換えていくことが、指導死につながる「教育現場の暴力」を防ぐことへとつながっていくのではなかろうか。少なくとも、私はこのように考えている。

なお、「外から目に見える形を整えること」への学校内外の人々のこだわりは、グローバル教育改革運動（Gloval Educational Reform Movement＝ＧＥＲＭ）の流れが加速し、「評価まみれ」

になった日本の学校教育では、今後、ますます強まる傾向にある。

このＧＥＲＭとは、松下佳代によると、①教授・学習の標準化、②中心教科への焦点化、③規定のカリキュラムや計画に縛られた授業、④企業社会からの改革モデルの借用、⑤テストにもとづくアカウンタビリティとコントロールという５つの特徴があるという〈注25〉。特に⑤は「テストや外部評価ですぐれた成績をおさめた学校や教師は財政援助や報償・昇進などを得るが、逆に、求められた水準を満たせなかった学校や教師は処分（最も厳しい場合は廃校、解雇など）を受けることになる〈注26〉」というものである。さらに、このような学校評価や教員評価が強まり、外から学力向上などの目標達成を迫られる中では、「目標に疑いをもつことはもとより、目標達成をめざす教育活動に『乗ってこない』子どもや、そうした子どもに丁寧につきあおうとする教師の営為は、目標達成への阻外要因として疎んじられることになる〈注27〉」との指摘もある。

ＧＥＲＭについてはこの最後の指摘が重要で、「外から目に見える形を整える」指導になかなか「乗ってこない」子どもは切り捨てられるか、もしくは「乗るまで」執拗な指導をくり返すことにつながりかねない。これでは、まさに指導死の危険性を高めているようなものである。ちなみにこ

注25　松下佳代「学校は、なぜこんなにも評価まみれなのか」グループ・ディダクティカ編『教師になること、教師であり続けること』勁草書房、２０１２年、26～27頁。
注26　前出「学校は、なぜこんなにも評価まみれなのか」27頁。
注27　山崎雄介「教師になること／教師であることの現在」前出『教師になること、教師であり続けること』17頁。

のＧＥＲＭについて、松下良平は次のことを指摘する。

「求められた教育成果を一定期間内に出せ」という要求が強まり、さらには処罰とも結びつくようになると、教師はしばしば偽装に走るようになるからだ。法令違反をするというわけではない。教育が成功していることを証明するために、ウソとも本当ともつかぬ形で、書類をそれらしく「サクブン」したり、数字のつじつま合わせをしたりするのである。もちろん、このような評価体制の下では子どもも同様の偽装に励む。つまりリスクを避け効率よく一定の評価を得ようとして、評価者によって求められているものを、テンプレートなどに従いつつそれらしく仕立て上げ、表現することに意を注ぐようになる。成果の偽装にばかりエネルギーを費やして、教師が教育をおろそかにし、子どもたちが学びから遠ざかるとき、これまた「生きる力」はつくはずがない。〈注28〉

松下良平のこの指摘からは、たとえ指導死やいじめ、事故による子どもの死が起きたとしても、自らに対する評価を下げないように、「我々の指導には誤りはなかった」「あの教員はいい教員だった」と対外的に主張する学校の姿すら浮かび上がってくる。指導死の事例が私たちに問いかけているのは、このような成果の偽装や、「外から見える形を整えること」を最優先する学校をこのままにしていていいのか、ということではなかろうか。そして、このようなＧＥＲＭの流れを加速しようとしているのが今の文部科学省や政権与党であり、教育改革を売り物にしている各地の首長でもあることを忘れてはならない〈注29〉。

4：「指導」から子どもも教員も、保護者も解放される道筋を

では、本稿でこれまで述べてきた「教育現場における暴力」から子どもがいかにして逃れることができるのか、という課題について、最後に検討しておきたい。

私としては、指導死を防ぐためには「それが起きるような学校から、子どもと教員の双方をどのようにして解き放っていくのか」ということにこだわることを重視する。特に、①「教育現場における暴力」から子どもをいかにして解き放つのかということ。また、②教員を従来の「指導」からいかにして解き放つのか、ということ。この2つのことへの考察が重要だと考えている。

「教育現場における暴力」を防ぐには、まずはこれまでも論じてきたように、「学校における指導の問い直し」という作業が必要不可欠である。特に3でも論じたとおり、子どもの状態が見えなくなることや、子どもの声が聴こえなくなる指導のあり方と、これを支えている社会的な意識については、早急に問い直しが必要である。そのためには、ここで詳細は紹介しないが、たとえば「子ど

注28　松下良平「まじめな教師の罪と罰」前出『教師になること、教師であり続けること』64頁。
注29　前出「教師になること／教師であることの現在」18～20頁を参照。

もの声を聴く」ことや、教員などおとな側の「子ども理解」あるいは「子ども観」の問い直しなどを重視してきた「臨床教育学〈注30〉」や「子ども支援学〈注31〉」の近年の取り組みが参考になる。

ただ、こうした「学校における指導の問い直し」という方向性とは別に、私としては、もうひとつ、「学校化した社会」における子どもの生活の問い直し、という方向性から、指導死について考えていくことも必要だと考えている。

たとえば先述の小沢有作は、「子どもが学校―生徒という位相でしか生活できなくなっているという状況が、それ以外に生きる場所、生きる手だてを見えなくさせて、子どもを自死に追いこんでいるのです」とか、「子どもが生徒としてしか生きられない状況のなかで、学校に絶望するとしたら、残された途は自死するしかない」と述べている。〈注32〉また、小沢らとともに1980年代半ばの尾山奈々さん・杉本治君の「自死」の事例などを検証するなかで、山本哲士は次のようにいう。

わたしたち大人にできることは、子どもを「学校教育」から切り離してあげることだ。子どもたちの精神・行動・環境を、「学校の独占」から切り離してあげることに、どんなに尽力してもしすぎるということはない。「学校の独占」から子どもたちを切り離すということは、子どもたちにああせい、こうせいという処方を教えることではなく、自ら へ向かって自らが「教育を断つ」ということである。子どもたちに何かを教えてやるとか、させてやるとかいう「使役の行為・意識」を、自らが自らへ向けて断つことだ。〈注33〉

別のところで山本は「教育することへの限界設定」や「過剰な教育」〈注34〉という言葉を使っているのだが、指導死を防ぐために必要なことは、まさにこのことにつきる。つまり、学校に子どもを囲い込むこと、あるいは、教員の過剰な指導に常時付き合わざるをえないような子どもの生活をいかに変えていくかということ。そこが今、指導死という形で問われているのである。

具体的な数字を挙げて、今の子どもたちの学校生活を考えてみたい。たとえばベネッセ教育研究開発センターの2008年調査によると、中学2年生が学校で過ごす時間は7時間20分、部活動の時間が1時間17分、学校への往復（移動）の時間が58分、すべてあわせると9時間35分になる。この数字は、中学2年生の睡眠時間の7時間26分よりも長い（数字はいずれも調査対象者の平均、以下同じ）。また、高校1年生の場合、学校で過ごす時間は7時間40分、部活動の時間は1時間35分、学校への往復（移動）の時間が1時間36分である。これもまた合計すれば10時間51分であり、高校1年生の睡眠時間6時間48分より長い。〈注35〉

注30　たとえば田中孝彦『子ども理解　臨床教育学の試み』岩波書店、2009年などを参照。
注31　たとえば安部芳絵『子ども支援学研究の視座』学文社、2010年などを参照。
注32　以上については前出「学校の状況・子どもの訴え」7頁を参照。
注33　山本哲士「小さなテツガクシャたちがみぬいた教育のロジック」前出『小さなテツガクシャたち』352～353頁。
注34　同右、353頁。
注35　ベネッセ教育研究開発センター「放課後の生活時間調査(ダイジェスト版)」から「1．24時間の生活時間」の「(2) 1日の時間配分」を参照。http://benesse.jp/berd/center/open/report/houkago/2009/dai/dai_04.html（2013年3月2日確認）

今あえて子どもの生活時間に関する調査結果を紹介してみたが、このように見ていけば、学校で過ごす時間や学校への往復の時間などが、子どもの生活時間の多くを占めていることがわかる。学校で子どもが過ごす時間が長くなればなるほど、「教育現場における暴力」にさらされる危険性が高まると考えれば、その防止策は、まずは学校外で子どもが過ごす時間を増やすことである。このように、「学校における指導を問い直す」という方向性とは別に、「学校化された社会における子どもの生活そのものを問い直す」という方向性からも、指導死について検討していく必要があると、私は言いたい。

今後、指導死の防止との観点からも、たとえば、子どもの権利条約（児童の権利に関する条約）第31条「休息・余暇、遊び、文化的・芸術的生活への参加」の権利保障のあり方を、「教育することへの限界設定」や「過剰な教育」の抑制との関係で論じていく必要があるのではないか。あるいは、兵庫県川西市・子どもの人権オンブズパーソン制度のように、学校外の第三者機関に子どもが相談・通報して、自らの人権の救済・擁護のための必要な対応を求めていくことができるしくみの整備も必要である。〈注36〉不登校の子どもたちの学校外の居場所づくりなども、こうした文脈からも積極的に位置づけていく必要があるだろう。

そして、今までと異なる子どもとの関係を創り出していくことができるように、教員自らが自分たちの行ってきた指導の内実をふりかえり、自己変革を遂げていくのか、という課題もある。このことに関して、小沢有作は「生徒にたいして権力存在であることから解放されたいと欲し、国家をせおって生徒に対していたことから生徒と同じ向きをむいて国家に対することへ変わることを意欲する教師」の重要性を説く。また、子どもと教員の「両者が自分の生きている場所である学校の制度や構造を問題にし、議論し、どう変えていくかを考えることから、学校変革の共同作業」が始まるという〈注37〉。

まさに、①「教育現場における暴力」を止めるために、教員が子ども、保護者、地域の人々と共に変わっていく道筋を考えること。また、②「教育現場における暴力」を生み出しやすい「外から見える形を整えること」を最優先する学校のあり方、さらにはＧＥＲＭの流れなどに対して、子どもとともに教員や保護者、地域の人々に何ができるかを問うこと。この2つのことが今、指導死を防ぐために求められているのではなかろうか。そして、この2つのことは、指導死を防ぐためには、子どもの側を問題視すること以上に、教員自らが自分たちの背負っている「学校」や「教育」「指導」の枠組みを問い、そこから解放されていく道筋を見つけていく必要性があることを示している。

そして、かつて岡村達雄は「学校からの自由をふくめて、権力と自由、さらには学校の中での

注36　川西市子どもの人権オンブズパーソン制度については、桜井智恵子『子どもの声を社会へ』岩波新書、2012年を参照。ちなみに私は、この川西市子どもの人権オンブズパーソン制度が発足した当時、調査相談専門員を務めた（1999年4月～2001年8月の2年5カ月）。

注37　前出「学校の状況・子どもの訴え」87～88頁。

自由という〈公教育と自由〉にかかわる問題〈注38〉」という言葉を述べた。指導死の問題を考えることは、岡村の言葉に引きつけていえば、それが起きるような学校から子どもと教員の双方がいかに自由を取り戻すのか、という問題として捉える必要がある、ということである。

最後に、ある中学校教員（当時）が書いたことを紹介して、この一文を締めくくっておきたい。以下の引用のなかに、今後、指導死を防ぐ教員や学校のあり方のヒントが詰まっているように思うからである。

これまで、日本の教師たちは、思い込みの過ぎる教育実践への突撃型か、サボリと非難される両極でしか論じられてこなかった。そうではなくて、もっと子どもたちのことを知りたい。かれらの希望、そしてとまどいや悲しみを。それは決してお子さま至上主義ではない。かれ・かのじょらの悲しみや怒りを感受できるよう自己を鍛えてゆくということだ。そのようにして変移する今に、かれらと私たちのくるしみや怒りを共有し、現状変革を指向してゆきたい。〈注39〉

注38　岡村達雄「公教育と人権論の方位」『教育基本法「改正」とは何か　自由と国家をめぐって』インパクト出版会、2004年、259頁

注39　平野良男「プロ教師といったってボロボロ　現代学校教師事情」岡村達雄・尾崎ムゲン編『学校という交差点』インパクト出版会、1994年、84頁。

VI

事後の対応で求められること

「指導死」親の会 代表世話人
大貫 隆志

事件後に学校の取るべき対応は初期の徹底した調査

不幸にして起こってしまった自殺事案に対して、学校はどのように対応したらいいのでしょうか。最も大切なのは、事件後時間をおかずに徹底した調査を行うことです。例えばＮＰＯ法人ジェントルハートプロジェクトが提案し、２０１１年６月の文科省通知「児童生徒の自殺が起きたときの背景調査の在り方について」でも取り上げられた、在校生への「アンケート」の実施も効果的です。アンケートでは「自殺が起こったこと」を明記し、その事件に関して知っていることを伝聞も含め細大漏らさず記入してもらうこと、アンケートの内容を遺族に知らせることを前提とすることが重要です。実施のタイミングは、事件後３日以内でなければなりません。その理由は、時間の経過とともに、操作された情報が増えるなどの問題が発生するからです。

この調査では、事件に関して知っていること以外に、本人が感じている率直な感情などについても書くことで、心のケアをはかることもできます。同じ学校で過ごしていた生徒の死に対し、自分の知っていることを遺族に伝えることで、真相解明に協力できたとの思いが生まれ、また自分の心に浮かぶ思いを言語化することで、心の整理ができるからです。

そして遺族は、アンケートによって明らかになった事実を知ることで、我が子の死を受け入れていけます。

次のステップでは、遺族との合意のもとにアンケートで浮かび上がった事実を、可能な限り公開していく必要があります。学校関係者、地域住民、在校生と、対象ごとに公開する情報の範囲は考慮しなければなりませんが、速やかな情報公開は事実無根の噂などを抑止し、遺族の被害を軽減することにつながります。

そして最終的には、事実をもとに効果的な再発防止策をたてることが必要です。再発防止策の策定は、学校単独で行うのではなく、臨床心理士や弁護士、あるいは我が子を自殺で失った経験を持つ遺族の参画も効果的だと考えます。

第三者調査委員会で最も重要なことは「第三者性」の確保

滋賀県大津市の皇子山中学校の男子生徒自殺事件では、「大津市立中学校におけるいじめに関する第三者調査委員会」が立ち上げられ、徹底した調査によりさまざまな事実関係が浮かび上がりました。その背景には、ご遺族の強い意志と粘り強い活動があったことは容易に想像できますし、何よりも調査に関わった委員会メンバーの努力があったからこそ、画期的な成果があがったのでしょう。そして見逃してはいけない点として、この調査委員会が中立性を確保していたこと、つまり文字どおり「第三者」であったことが重要です。

他の自殺事案でも、第三者調査委員会が立ち上がるケースが増えてきています。しかし、中には学校関係者や教育行政の関係者だけで構成されていたり、外部の識者が参加していてもメンバー名すら公表されないなど、中立性に疑問の残る調査委員会もあります。さらには、学校側が調べた情報を基に調査を進める場合もあり、こうなると、何のための調査委員会なのかが疑われます。学校側の情報を鵜呑みにし、あらかじめ予定された結論に向かって物語を組み立てていくのなら、時間とコストの無駄遣いにしかなりません。

事件の全容解明を目的とすること、中立性を貫くこと、有効な再発防止策に結びつく提言を行うこと、これが第三者調査委員会の役割でなければなりません。そのための条件として、調査委員会にはある種の調査権限が必要でしょうし、学校や教育委員会には、調査に協力する義務も課されるべきだと考えます。

大阪・桜宮高校の事後対応はどうだったのか

２０１３年１月８日午後、伊丹市の西尾裕美さんから電話がありました。

「大阪の高校生が自殺した件で、これからＮＨＫの取材を受けるけれど、〈『指導死』親の会〉として伝えておきたいメッセージは何ですか？」

というものでした。

これ以降、私は新聞やテレビ、ラジオなど、さまざまなメディアの取材を受けることになりました。ようやく一段落がついたのは、２月の半ばを過ぎてからでした。これほどまでに取材ラッシュが続いたのは、滋賀県大津市の男子中学生自殺報道で子どもの自殺に注目が集まっていたこと、大阪市長の矢継ぎ早の対応があったこと、そして、報道が過熱する中、柔道女子の日本代表指導陣による暴力・パワーハラスメント問題が起こったからだと思います。この事件に関しての、第一報からの事後対応の流れを追ってみたいと思います。

大阪市立桜宮高校男子生徒の自殺は、このように報じられました。

《大阪市教育委員会は8日、市立桜宮高2年の男子生徒＝当時（17）＝が昨年12月下旬に自殺したと発表した。市教委によると、生徒はバスケットボール部の主将で、顧問の保健体育科の男性教諭（47）から体罰を受けていたと手紙に書き残していた。市教委によると、自殺前日にも教諭から体罰を受けていた。今後は弁護士でつくる市の外部監察チームが体罰と自殺の因果関係について調べる。顧問は体罰を認め遺族に謝罪した（1月8日付、共同通信社）》

この事件に対し、《橋下徹市長は10日、問題の調査にあたる市の外部監察チームの編成について、約1千万円の予算を付け、100人体制とする方針（1月10日付、MSN産経ニュース）》を明らかにしました。そして、この外部監察チームは大阪市教育委員会と協力して調査を実施。わずか一カ月後の2月13日には報告書をとりまとめました。

報告書では、男子生徒がキャプテンを務めていたバスケットボール部の活動で、顧問教諭からたびたび暴力を受け、自殺へと追い込まれていくプロセスが明らかにされました。これを受けて、

《市教委は市外部監察チームの調査報告書に基づき、顧問が生徒に対して主将交代の話を度々持ち出し、暴力を加えていたことが重大な精神的苦痛を与えていたと判断。暴力について「自殺の大きな要因と考えられ、関連性がある」と因果関係を認定》《市教委は13日、顧問を懲戒免職処分にした。(いずれも2月13日付、ＭＳＮ産経ニュース)》、あわせて《同校の佐藤芳弘校長を待機ポストの総務部参事に更迭(2月14日付、ＭＳＮ産経ニュース)》しました。

「僕が陣頭指揮を執る」と橋下市長が明言したとおり、チームの動きは迅速でした。このスピード感は、他の事案とはまったく異なる次元のもので、まさに首長のリーダーシップにより事態がスピーディーに解決したとの印象を与えるものだったと言えます。しかし調査チームは、事件の原因をバスケットボール部の顧問に集約し、処罰することを目的にしているかのようにもみえました。つまり、犯人捜しをして、その犯人を処罰することで収束をはかろうとしたと思えるのです。事後対応は、果たしてこれでよかったのでしょうか。

在校生の不利益を見過ごした事後対応

背景要因に踏み込まず

この事件の事後対応は、大きく二つの点で課題を残しています。

第一は、事件の背景要因に踏み込まなかったこと、それによって再発防止策に踏み込めなかったことです。事件は、一義的にはバスケットボール部の顧問の暴力によって引き起こされています。

顧問の暴力がなければ、男子生徒の自殺はなかったと言えます。しかし、顧問に暴力をふるわせたものは何だったのでしょうか。また、顧問の暴力が継続し得た背景には何があったのでしょうか。

ここを明らかにしない限り、再発防止策はとれません。顧問に関しては、２０１１年11月に体罰が行われているとして市教委に公益通報が行われていました。市教委は桜宮高校に調査を指示し、高校では教師に対する口頭での確認だけで「体罰なし」と市教委に報告しています。市教委は調査を学校に丸投げし、学校はおざなりな調査で済ませ、市教委は学校からの報告を精査することもなく受け入れているのです。

市教委は調査方法を指示することもできたはずです。学校も、本気で調べる気があるなら、教員からだけでなく、生徒からの聞き取りも可能だったはずです。全校生徒を対象とした、無記名によるアンケートもできたでしょう。でも、学校はそれをしませんでした。さらに、調査結果の報告を受ける市教委は、調査方法を確認できたはずですし、それによっては、さらなる調査が必要であることを学校に指示できたはずです。

しかし、どの段階でも、誰も「まっとうな調査」をさせようとも、しようともしませんでした。なぜでしょうか。生徒の人権が守られていないどころか、教育の現場で暴力という法律違反が行われていることに対して、市教委や学校はどうしてこれほど鈍感な対応しか取らなかったのでしょうか。

こうした背景の上に起こった暴力により、男子生徒は死へと追いつめられていったのです。ですから、再発防止策を考えるのであれば、教師の暴力を黙認する背景要因を明らかにしていく必要があったのです。しかし、外部監察チームは、こうした要因に踏み込むことはありませんでした。

第二は、事後対応において在校生やその保護者、さらには桜宮高校への入学希望者の利益に対する配慮が、決定的に欠けていた点です。

市長は、桜宮高校の体育系の2学科の募集停止を要請し、結果的には市教委がこれに応じて、普通科に振り替えての募集を行うことになりました。こうした措置に関して、在校生や保護者の意見の聞き取りなどは十分に行われず、不満の声が上がったといいます。加えて、登下校中の生徒に罵声が浴びせられる、生徒の自転車が壊されるなどの事件も起こり、在校生やその保護者、入学を希望していた子どもたちに対してもさまざまな不利益が生じていました。こうした不利益に対して、丁寧な対応が取られたとの報道は、私の知る限りありませんでした。

暴力事件が起こるような学科だから、募集を停止するという措置は、単なる対症療法であり、問題解決の根本的な方法ではありません。入学希望者が進路を失い、仮に普通科に振り替えて入学したからといって、不利益が解消するわけではありません。また、在校生は「あの学校の生徒」というレッテルを貼られることになります。こうした不利益を解消する唯一の道は、暴力の起こる背景要因を明らかにし、同様の事件の再発防止を行い、「健全な学校」を作ることにあります。

この事件の事後対応では、短期的な効果や評価を得やすい対応を乱発し、本質的な対応を怠った例であると考えられます。

おわりに

２０１３年2月15日、札幌地裁で今野匠くんの判決が告げられました。匠くんの自殺は長時間にわたる教師の指導が原因として、北海道に損害賠償を求めた遺族の主張は認められず、全面敗訴でした。匠くんが、Ａ４版のノート３ページに指導時の出来事を詳細に書いているにもかかわらず、死に至る最後のメッセージさえも裁判官には届かなかったようです。記者会見に臨んだ匠くんの父、勝也さんは記者団からの質問に消え入りそうな声で、「匠もお母さんも悔しい判断をいただいた、と…ただただがっかりしている」と答えるのが精一杯でした。

失望の中、このままでは終われないと、勝也さんと弁護団はすぐに控訴を決めました。２０１３年8月27日、札幌高裁で控訴審が始まります。応援のため私も札幌に向かう予定です。

思えば、初めて〈全国学校事故・事件を語る会〉に参加したときには、神戸がずいぶんと遠いところに思えました。それが今では、事情が許す限り、北海道でも九州でも、遺族の応援に駆けつけるようになりました。たくさんの遺族に会い、たくさんの命の悲しい最後を知り、許しがたい大人の怠惰に直面し、社会の無関心に絶望しました。

「これ以上、子どもを殺さないでください」

私は、この思いに共感してくれる人を少しでも増やしたいと思って活動してきました。私たち遺族には、特別な力があるわけではありません。学校や行政との交渉の仕方も、裁判や法律の知識も、はじめから持っていたわけではありません。自分の子どもの死を無駄にしたくはない。同じ悲しみをほかの人に味わってほしくない。ただ、その思いからやみくもに動き、失敗し、非難され、傷つき、もう何もかもやめてしまおうと思い、また気を取り直し、立ち上がり、少しずつ経験や知識を増やしてきたのです。

人前で話すことがとても苦手だった遺族が、だんだんと声を上げるようになり、話に論理性が増し、聞く人を引き込んでいくようになる様子を、私は見てきました。子どもの死の直後は土気色だった顔に、会うたびに明るさが増し、視線に力がこもり、不屈の魂が宿っていくのを、私は見てきました。もちろん私自身も、そうやって這い上がってきたように思います。

大好きだった次男の陵平が亡くなった直後から、いつかはその出来事を本にまとめようと思ってきました。何度も書きはじめ、そのたびに直後の悲しさや怒りがよみがえり、心のバランスを失いそうになり、書くことをあきらめてきました。陵平のことだけを書く本であったなら、今回もきっと書き終えることができなかったかもしれません。支えてくれたのは、安達雄大くん、井田将紀くん、金沢昌輝くん、今野匠くん、仲村研くん、西尾健司くんです。それぞれのご遺族も、当時のことを思い出す、つらい作業に協力してくださいました。

多忙の中、京都精華大学人文学部の住友剛准教授、教育評論家でジェントルハートプロジェクト理事の武田さち子さんが稿を寄せてくださいました。お二人の稿がなければ、客観性に乏しい本になってしまったのではないかと思います。また、評論家の荻上チキさんには、短期間のうちに原稿を読み込んでいただき、「指導死」の本質に迫る言葉をいただきました。

こうして書籍にできたのは、「指導死」シンポジウムの開催告知記事に目をとめ、「指導死」問題を広く伝える必要があると判断してくださった高文研の皆様のおかげです。とりわけ、なかなか原稿を書き終えることのできない私を、辛抱強く応援してくださった小林彩さんには、お礼の言葉もありません。

次男の陵平と一緒に過ごした13年は、短い間でしたが楽しい思い出のぎゅっと詰まった年月でした。いつの日か、本を書くことができたら、この言葉で締めくくろうと思ってきた言葉をようやく書くことができます。ここまで来るのに陵平の年齢と同じ、13年を費やしました。

「陵平、一緒にいてくれてありがとう」

2013年4月

大貫　隆志

	恭平くんは野球部の練習を無断で休むようになっていた。 6/7　顧問から主将を通じて呼び出された。翌日、恭平くんは学校を休み、その後、行方不明になった。 学校が作成した事故報告書には、間違いや家庭の事情などに明らかな嘘が書かれていた。
65	2012/7/26　岡山県岡山市の県立岡山操山（そうざん）高校野球部のマネジャーの男子生徒（高２・16）が、自殺。 6/11　男子生徒は選手として入部していたが退部。 7/23　マネジャーとして復帰したが、監督に「マネジャーなら黒板くらい書け」「マネジャーらしい仕事をしろ」「声を出せ」と注意されており、自殺当日も練習後、本塁付近に一人呼ばれて叱責されていた。帰宅途中、同級生に「俺はマネジャーじゃない。ただ存在するだけ」などと話していた。また、男子生徒は部員に対し、部を一度辞めた理由を「先生に怒られるのが嫌。野球がおもしろくない」と説明、復帰した時は「マネジャーなら叱られない」と話したという。監督は練習中に「殺す」などの言葉を使ったり、パイプ椅子をふりかざしたりすることがあったという。
66	2012/10/29　広島県東広島市の市立高美が丘中学校の男子生徒（中２・14）が、市内の公園で首をつって自殺。 10/29 朝、男子生徒は美術の授業で使うカボチャを隠すいたずらをしたとして、担任教師らから指導を受けたあと、所属する野球部顧問から部活動への参加を認められずに下校した。 市教委は「教師の指導に、体罰や暴言などの行き過ぎた行為はなかったと考えている」としている。
67 ＊	2012/12/23　大阪府大阪市の市立桜宮高校の男子生徒（高２）が自殺。 男子生徒はバスケットボール部のキャプテンをしていたが、顧問の体育教師にあてて「顧問の教師から顔を叩かれたなどの体罰を受けてつらい」などと書いた手紙と遺書が残されていた。男子生徒は自殺する前日にも、顧問教師から体罰を受けていた。 この教師については以前にも、市教育委員会に、体罰をしているのではないかという情報が寄せられたが、学校からは「体罰はなかった」との報告があったという。
68	2013/1/25　未遂　岐阜県多治見市の市立中学校内の自習室で、男子生徒（中２・14）が首に電気コードが巻いて自殺を図り、意識不明の重体。 男子生徒は、午後１時 45 分ごろから、自分のクラスの５時間目の授業には出席せずに、自習室で１人、担任ら複数の教師から交代で生活面の指導を受けていた。担任教師は２時 10 分ごろに部屋を離れ、別の教師が２時 35 分ごろ、生徒の異変に気づいたという。 市教育委員会は、担任教諭や生徒の両親への聞き取りの結果、生徒の周辺で、いじめや体罰はなかったとしている。

注）　有形の暴力の有無は、新聞記事等でわかる範囲内で判断。
　　68 件中、未遂は５件。
　　有形の暴力を伴うもの 16 件（24%）、伴わないもの 51 件（75%）、残り１件は不明。

※１　判例時報 613 号、判例タイムズ 328 号
※２　判例時報 1487 号
※３　判例時報 1713 号、判例タイムズ 1024 号
※４　判例時報 2067 号、判例タイムズ 1321 号

60 ＊	2009/1/19　福岡県福岡市の市立内浜中学校の男子生徒（中１・13）が、登校中に自宅近くのマンションから飛び降り自殺。 2008/6/17　男子生徒は、所属する運動部の顧問でもある担任教師（37）から理科準備室に呼び出されて、１時間以上にわたって「(同級生の）上履きを隠したのはお前だろう」と問い詰められたが、認めなかったため、ひざを４回けられ、げんこつで頭を１回たたかれた。 男子生徒は母親に、「否定したのに、何を言っても信じてもらえない。帰り道で車に飛び込んで死のうとしたけどできなかった」と泣きながら訴えた。 ２日後、担任と校長、母親で話し合い、体罰があったことを確認。担任は謝罪した。 2009/1/15　男子生徒は初めて遅刻して登校。音楽の教材を忘れた。 1/16　別の教材を忘れた。担任はクラスで「２回忘れ物をするとげんこつ」というルールを設けていたため、「帰りの会」でほかの生徒の前で生徒の頭をげんこつでたたいた。 生徒の携帯電話には、1/17 付けで友人にあてて、「部活さぼった　先生がまたなぐった　電話していい？」と書いた未送信メールが残っていた。 1/19　学校は記者会見で自殺の原因について「思い当たることはない」と繰り返していた。 1/20　通夜で、母親から「体罰と自殺の関係を調べてほしい」と要望されたことを受けて、初めて市教委に体罰の事実を報告。 市教委は、体罰と自殺との因果関係は考えにくいとしていたが、日本スポーツ振興センターは遺族に対し、死亡見舞金を支給。
61	2009/5/29　埼玉県の私立高校の校舎から、男子生徒（高３）が飛び降り自殺。 この日、１学期の中間試験で、男子生徒のカンニングが発覚。試験終了後、試験監督の教師が男子生徒を職員室に連れて行く途中、生徒指導主任の教師に会い、事情を説明したところ、教室にひとりでカバンを取りに行くよう指示された。男子生徒はホームルーム中の教室には行かず、４階まで上がって、廊下の窓から飛び降りた。 同校では、カンニングをした場合、すべての試験科目が０点になることが決まっていた。 両親が学校に損害賠償を求めて提訴。同時に、高校生の自殺は故意として死亡見舞金の給付が認められないことに対して、日本スポーツ振興センターを提訴。
62	2009/7/15　未遂　佐賀県小城市の市立中学校で、「女子トイレに落書きがあった」として、担任教師に事情を聞かれた女子生徒(中１)が､校舎２階から飛び降り､前歯を折るけがをする。３日間の入院。 7/14　女子トイレの壁に６つの相合傘にイニシャルのような文字や「LOVE」の文字が彫るように落書きが発見された。「帰りの会」の時間に、学校側はこのトイレを使っている１年生３クラスの女子全員を体育館に集め、教師が落書きをしたものは名乗り出るよう呼びかけたが、反応がなかった。学校は集会後、男子生徒を含めた１年生全員に匿名アンケートを実施し、目撃情報を記すように促した結果、女子生徒を含む 13 人程度の名前が挙がった。教師５名が手分けして事情を聴いた。 7/15　対象を６人に絞り込んでさらに話を聴き、内２人がシャープペンシルで女子生徒が字を掘っていたのを見たと証言。名指しされた女子生徒は否定したが、 証言した生徒２人を伴って、トイレに連れて行った。担任は目撃者の２人をトイレから出し、一対一で女子生徒をただしたところ、落書きを認めた。その後、副担任が２階の学習室で一対一で事情を聞き、数分席をはずしたところ、部屋の真下に倒れているのが発見された。 事故報告書には、事故原因について一切書かれていなかった。
63	2009/8/21　未遂　京都府亀岡市の市立南桑（なんそう）中学校で、男子生徒（中１）が、別の校舎とつながっている野外の渡り廊下から飛び降り、意識不明の重体。 同生徒は朝から部活動と補習授業に参加したあと、校内１階のカウンセリングルームで、生徒指導の男性教師（31）から 30 分にわたり、夏休みの生活態度について一対一の生徒指導を受けていた。教師が部屋を離れた隙に、男子生徒は教室を抜け出し、捜していた教師や教頭の目の前で飛び降りた。
64	2011/6/9　愛知県の県立刈谷工業高校の山田恭平くん（高２・16）が、野球部顧問から呼び出された２日後に練炭自殺。 5/ 末　恭平くんは、部室で禁止されているトランプをしていた部員らが、顧問教師から殴る蹴るの暴力を受けるのを見て強いショックを受けた。野球部を辞めたいと顧問らに申し出たが、「逃げているだけやろ」と言われ、退部届は受理されなかった。

54	2007/10/27　青森県八戸市の八戸工業高校の男子生徒（高１・16）が、自宅で自殺。 所属していたラグビー部でのいじめとそれに関連した同部顧問教諭の不適切指導により、睡眠障害や抑うつ症状を発症していた。 2004/4/　男子生徒はラグビー部顧問の勧誘で同校に入学し、ラグビー部に入部。しかし入部直後から、部内でいじめを受けるようになり、５月には退部を決意。顧問教師に相談したが、「退部するなら退学しろ」と言って引き留めていた。 2011/4/　両親は、校長やラグビー部の顧問の教師を相手に、慰謝料と逸失利益約 7500 万円の損害賠償を求めて提訴。
55	2008/3/15　秋田県潟上市の市立天王南中学校のトイレで、女子生徒（中１・13）が首吊り自殺。 そばにあったスケッチブックには、自分を責めるような内容が書かれていた。 3/13　女子生徒は、部活動の入退部をめぐり、同じ学年で友人の女子生徒に対し、傷つける内容の携帯メールを送信していた。メールを受け取った友人の保護者が学校に相談。男性担任教師が１時間目の授業中、別室で女子生徒を指導したうえ、両親を学校に呼ぶことなどを話したという。女子生徒は反省した様子だったが、両親が中学校を訪れた午後６時ごろには、すでに姿が見えなくなっていた。 亡くなった女子生徒は成績も優秀で生徒会役員も務めていた。まじめで、責任感も強かったという。 同校の校長は「いじめもなく、指導も通常の範囲であり、自殺との因果関係はないと考えている」と話した。
56	2008/3/21　長野県塩尻市の県立田川高校の教室で、男子生徒（高２・17）が黒いネクタイで首吊り自殺。 学校は入試準備などで長期の休みに入っていたが、この日、男子生徒は数学の補習を受ける必要があったが、欠席していた。2007 年夏から、元気がなく、遅刻や欠席がやや多かったという。 ３月 18 日付けの本人のブログに、「むちゃぶり　自分の課せた量を分かっているのか？　３日で片付く量じゃないだろう。何考えてやがるんだ。無茶苦茶だ……。」などと書いていた。
57	2008/4/3　北海道紋別郡遠軽町の町立丸瀬布小学校の今野彩花さん（小６・11）が、女性担任の行き過ぎた指導を苦に、自宅トイレで首吊り自殺。 小学校５年生時の女性担任は、夏休みの図形の宿題を角度が少しずれているという理由で、同じ問題を２カ月半書き直しをさせるなどした。また、忘れ物をした児童は 20 分間しっ責され続けるなどすることがあり、彩花さんは「忘れ物をするのがこわい」と話していた。 ６年生でも同じ教師が担任をすることになった初登校の前日に自殺。 約２年後、学校の事故報告書で、彩花さんの自殺が、多臓器不全で死亡と報告されていたことが発覚。 両親が教育委員会に何度もかけあい、ようやく自殺に訂正。しかし、文部科学省の数字は訂正されない。 2011/10/　両親が、同と町に損害賠償を求めて提訴。
58 ＊	2008/7/14　未遂　北海道富良野市の道立高校で、校舎４階教室窓から女子生徒（高１）が飛び降り、手足の骨を折る重傷。ショックのためか、後にその日の記憶がないという。 別の高校に通う中学時代の友人に送ったメールについて、午前８時 45 分から、生活指導担当教師ら８人が交代で３人の生徒から事情を聴いた。内２人は２時間ほどだったが、同生徒には休憩を挟みながら約３時間半聴いていた。
59	2008/7/20　北海道の道立稚内商工高校の今野匠くん（高２・16）が、停学処分の連絡を受けた後、自宅で首吊り自殺を図る。8/4 死亡。 匠くんは携帯電話の掲示板にほかの生徒の中傷を書き込んだとして、計６人の教師らから約３時間にわたって事情を聞かれていた。ノートに、「償いについて自分は死ぬべきだと思う」「自分は殺す。死ね。と軽々しく書いたので（中略）ケジメをつけるために死のうと思う」「おれって先生たちにも信用なかったんだね」「お前の罪は重いと。死ねと。他の先生からは、お前はバカか？　と言われました」「罪が重すぎて自分には耐えられない」「僕に停学は重すぎる」などと書いていた。 学校は「本校の職員がそんなことを言うはずがない。事実と違うことを書いている。指導は適切だった。事情聴取が本人を追いつめたとは考えられない」と記者会見で話した。 2011/　両親が、長時間にわたる教諭の指導が自殺の原因として、道に約 8700 万円の損害賠償を求めて提訴。 2013/2/15　札幌地裁で、教師の指導方法に不適切な面はあったとしながらも、違法性はないとして、原告の訴えを棄却。

49	2006/10/18　鹿児島県奄美大島の公立中学校で、男性教師（37）が不登校になっていた女子生徒（中1・12）の自宅に上がりこみ、かぶっていた布団を引き剥がして「学校に行くのか、行かないのか」と迫った。直後に女子生徒は自殺未遂。 2006/6/　女子生徒は部活動を巡って、顧問の女性教師（25）から全部員の前で叱責され、退部。2学期から学校に行かなくなっていた。
50	2006/11/1　兵庫県尼崎市の市立中学校の男子生徒（中3・14）が、マンションから飛び降り自殺。 10/31 午前、男子生徒は担任教師から呼び出され、友人関係などについて指導を受けていた。生徒指導の担当教師や母親も加わって、2、3時間話し合ったあと、教師らの指示で、授業を受けずに帰宅した。 11/1　同級生らによると、男子生徒はこの日も元気がなく、午前の授業中に「遺書でも書こうかな」などと話していたという。
51	2007/2/1　千葉県松戸市の市立中学校の男子生徒（中2・14）が、マンションから飛び降り自殺。 男子生徒は2年生の1学期頃から、所属する吹奏楽部内で「疎外感を感じる」と顧問に訴えていた。 1/20　男子生徒は、勉強との両立の難しさや体力的な理由を挙げて、「部活動をやめたい」と顧問に申し出ていた。 1/31　昼休みの教室で、1年生の頃からいじめの被害にあっていた同級生に対し、生徒数人が次々と肩をたたく「肩パン」をし、同級生は転倒して肩の骨を折った。被害生徒は担任に連絡した際、「暴行に加わったのは5人だ」と言い、男子生徒の名前を挙げなかった。 4人の教師が、この5人を指導する中で、男子生徒を含む3人の名前が挙がり、加担したのは計8人であることが判明。男子生徒は呼び出されて指導を受け、最初に被害生徒に謝罪した。教師らは「もし私だったら耐えられない。最低のことをしたんだよ」「やったことは消しゴムで消せない。この後どうすればいいのか考えなさい」などと指導したという。 2/1　いじめられた生徒の母親の求めで、学校で暴行に加わった生徒らが母親に謝罪する予定になっていたが、男子生徒は体調不良を理由に学校を休んでいた。母親の留守中に、男子生徒は被害生徒の住んでいるマンションに行き、飛び降りた。 ノートには、いじめ被害者の生徒の名前と「ごめんね」の文字が残されていた。 男子生徒は、2年生前期までの1年間、生徒会の役員を務めていた。
52	2007/2/26　大阪府豊中市の私立大商学園高校の体育館内3階の放送室内で、岸祐太朗くん（高1・16）が柔道着の帯で首吊り自殺。 祐太朗くんは前日、教室で自分の首を柔道着の帯で絞めて同級生に制止され、担任教師から「そんなことしたらあかん」などと声をかけられていたが、遺体発見の午後にはじめて校長らに伝えられた。 祐太朗くんは学校の指導方針に不満をもらしていたほか、校内トイレであった不審火に絡んで犯人と疑われて疲れていたようだったと家族は話す。学校側は「調査はしたが、放火を疑った事実はない」と否定。
53	2007/1/15　群馬県高崎市の高崎経済大学経済学部の女子学生（大2・20）が、川で入水自殺。 女子学生はゼミに2006年9月から参加するはずだったが、自主的に早めて6月ごろから参加。指導教官だった男性准教授（38）は8月にゼミの学生に課題を出し、12月に提出していない女子学生ら3人に、「1月15日までに課題を出さないと即留年」というメールを送った。 自殺当日、未提出の2人のうち女子学生だけに催促のメールを送っていた。 准教授は、女子学生が「リポートを提出できない。ごめんなさい」「留年すると分かっています。人生もやめます」「出来損ないの面倒を見させてすみませんでした。お世話になりました。ゼミ楽しかったです」などと、自殺をほのめかす内容のメールを送った後も、しばらく学生を捜さなかった。 出された課題について、大学側は「大学院生並みの厳しい課題。ある課題がこなせなかったというだけで即留年というのもおかしい」とする。 准教授は、他の学生に対しても人格を否定するような暴言やセクハラ発言などがあったという。また、2005年まで勤務していた別の大学でも、指導していた学生の休学届に対応しなかったり、学生ともめて指導を放棄したり、勤務時間中に無届けでスポーツジムに通っていたことなどで停職処分を受け、その後依願退職。 2007/4/9　准教授を懲戒免職処分。管理責任者の学長を減給10%（2カ月）、経済学部長を同（1カ月）とした。

45	2004/3/10　長崎県長崎市の市立小島中学校で、安達雄大くん（中2・14）が、指導途中、トイレに行くと言って、校舎4階の手洗い場の窓から飛び降り自殺。教室の机から、「オレにかかわるいろんな人　いままでありがとう　ほんとにありがとう　○○（友だちの名前）とりょうしん、他のともだちもゴメン」と書かれたノートが出てきた。 雄大くんは、ライターとたばこをもっていたことを担任教師に見つかり、指導されていた。雄大くんは、所属する部活が自分のせいで活動停止になるのを気にしていた。 同校では、アンケートによる違反の告白や、他の生徒の違反を密告させる生徒管理・指導を行っていた。担任教師は月に2、3回程度の体罰を行っていた。 のちに、市教育委員会は県教育委員会に、雄大くんの件を「転落死亡事故」と報告していたが、両親に伝えないまま、「自殺」に変更する統計修正を県教委に出していたことが発覚。 2008/6/30　長崎地裁で、「喫煙指導は不適切な面が認められるが、法律上の義務としての配慮義務又は防止義務に違反したとまでは言えない」ことや自殺の予見可能性を否定して棄却。一方、教師の指導と自殺との因果関係を認定。
46	2004/5/26　埼玉県所沢市の県立所沢高校の井田将紀くん（高3・17）が、中間試験でカンニングを疑われ、母親の携帯電話に「迷惑をかけてごめん」とメールを送り、飛び降り自殺。 将紀くんは中間試験2時間目の物理の試験中に、1時間目の日本史の試験に関するメモを机の上に出していたため、試験監督の教師に注意を受けた。 試験終了後、個室で担任ら5人の教師が、約2時間にわたって「なぜ物理の試験中に日本史のまとめを読む必要があるのか」などと問い詰め、代わる代わる事情を聴いた。将紀くんは日本史のメモを提出。「（メモは）日本史の試験中には見ていない。物理の残り時間に勉強していた」と説明した。しかし、試験監督の教師は物理の記号が見えたと主張。教師らは「疑われるような行為はよくない」と指導したという。将紀くんは正午ごろから約2時間にわたって、教師5人に尋問されていた。その間、昼食や飲み物も与えられず、トイレ休憩もなかった。 将紀くんの死後、学校は最終的に、カンニングがないことを認めた。 2008/7/30　さいたま地裁で遺族側の訴えを棄却判決。 2009/7/30　東京高裁で棄却判決。
47	2005/10/4　長崎県対馬市の県立高校の男子生徒（高1・15）が、道路横のガードパイプにロープをかけ首吊り自殺。友人関係の悩みなどを記したノートが生徒の部屋にあった。 男子生徒は9月下旬から携帯電話のチェーンメールをめぐり、複数の生徒とトラブルになり、担任教師らが同日、男子生徒を指導。男子生徒は反省文を書いていていた。 担任らは母親を呼んで説明し、午後8時頃、母子で帰宅した。その後、担任が教室の黒板に「今までサンキュー」という言葉と生徒のイニシャルが書かれているのを見つけ、9時頃、電話で母親に生徒の様子に気をつけるよう、注意していた。
48 ＊	2006/3/16　福岡県北九州市若松区の市立小学校の永井匠（たくみ）くん（小5・11）が帰宅直後に自宅で首吊り自殺。 掃除中、匠くんが新聞紙をまるめた棒を振り回し、同級生の女子児童の顔に当たった。担任の女性教師が「謝りなさい」と怒鳴ったが、匠くんが「謝った」などと反抗的な態度をとったため、上着の襟をつかんで持ち上げ、床に押し倒し、左腕をねじり上げるなどした。匠くんは泣きながらペットボトルを床に投げつけて、教室を出て行った。担任は追いかけず、保護者にも連絡をしなかった。 匠くんは前年秋から担任教師との折り合いが悪く、集中的に体罰を受けていた。「学校をやめたい」と泣きながら帰宅したこともあった。 2009/10/1　福岡地裁小倉支部で、教師の体罰と自殺の因果関係を認め、市に約880万円の賠償を命じる。遺族は独立行政法人日本スポーツ振興センターに「学校災害として申請をしたのに、センター側は北九州市からの報告を元に死亡見舞金を支給しなかった」として提訴していたが、センターに満額の2800万円の支給を命じる。 2010/5/21　福岡高裁で、市が責任を認めることで和解。市は教師の行為を「総合的に見れば適切さを欠いており、自殺を防止できなかった」としたものの、体罰とは認めなかった。※4

40	1999/12/4　長崎県長崎市の私立海星高校の男子生徒（高２・18）がマンション屋上から飛び降り自殺。 生徒は期末試験の１時限目テストでカンニングをしているのを教師に見つかり、答案用紙を没収され、その場で待機するよう指示されていたが、「トイレに行きたい」と言って教室を出た。マンション屋上にいるのを通報で駆けつけた警察署員が約10分間説得したが、制止を振り切って飛び降りた。
41	2000/1/16　長崎県五島の富江町の中学校の男子生徒（中１・13）が、町内の倉庫で首吊り自殺。 1/15　男子生徒は担任教師から服装などを注意され、「なんで俺だけ注意されるんだ」などと反発。教諭ともみ合いになり、警察が駆けつけるなどの騒ぎになった。同日夜には、生徒は校長と担任教師に謝罪の電話をかけていたという。
42	2000/9/30　埼玉県新座市立第二中学校の大貫陵平くん（中２・13）が、マンションから飛び降り自殺。「たくさんバカなことをして　もうたえきれません」「自爆だよ」などと書いた遺書を残していた。 前日、教師がお菓子の匂いに気づき、生徒たちに問いただしたところ、他クラスの生徒を含めて６人の名前が挙がった。陵平くんはお菓子をもらって食べたことを自己申告していた。 会議室で12人の教師が９人の生徒らから、お菓子を食べたかどうか、他にも食べた者はいないかなど、一人ひとりに確認し、その場にいない生徒の名前も何人か挙がった。また、ライターを学校に持ち込んで遊んでいた生徒がいたことも判明。 翌日の夜、教師が自宅に電話をして、来週の学年集会の場で、リーダー格の生徒には、みんなの前で決意表明をしてもらうことや、学校にライターを持ってきた生徒すべての保護者に学校に来てもらうことなどを話した。約１時間後に自殺。
43	2002/3/23　兵庫県伊丹市の県立伊丹高校で、西尾健司くん（高１・16）が自宅近くの建物から飛び降り自殺。 ３カ月前、２学期の期末テスト時、隣の席の友人に頼まれて答案を見せた。カンニングと認定されて、友人と一緒に１週間の自宅謹慎処分（健司くんにとって初めての処分）を受け、反省文、反省日記を書くように指導される。12/13から書き始めた日記を、３学期の終業式の前日に突然、春休みも続けるように言われた。終業式のあと、校内のトイレでタバコを吸っているところを教師に見つかり、母親も学校に呼び出された。校長からは「ストレスがたまったとは何や」、学年主任からも「家族も先生も裏切って」と叱責。生徒指導部長と担任にも叱られ、無期の自宅謹慎を通告された。家族で行く予定だったスキー旅行も禁止された。 亡くなる直前の深夜、友人に、「前は１週間やったから、たぶんそれより長いと思う。最悪やわ」「今回１人だけ謹慎ってのが精神的につらい」「（先生たちは）あきれてたわ」などと書いたメールを送っていた。
44	2002/3/25　群馬県高崎市の東京農業大学第二高等学校（東京農大二高）ラグビー部員の金沢昌輝くん（高２・17）が、合宿当日に自殺。 ラグビー部の練習は長時間で、休みは年間４～５日程度だった。監督からは激しく叱責された。 ラグビー部の１年生時には、部員の上下関係により、一部暴力もあった。 昌輝くんは１年生の９月に過呼吸の発作を起こし、その後も何度かラグビー絡みで発作を起こしていた。かなり激しい発作後も、練習に参加させられていた。学校は家族に過呼吸の発作を起こしたことを知らせていなかった。 自殺当日も発作を起こし、合宿の欠席を申し出たが、治ったら参加するよう言われる。すでに欠席の連絡があったことを知らない監督が、マネージャーに昌輝くんの自宅へ連絡を入れ参加を促した。昌輝くんは「これは策略だ」「あいつら人間じゃあないから」などと言っていた。 死後、夏合宿頃から、指導陣の昌輝くんに対するプレッシャーがきつくなっていたことや、他の選手のミスを昌輝くんのせいだとして怒ったり、「お前バックスとして駄目だよ」「使えねぇ」などの言葉を浴びせたりしたことが判明。（特定の部員に注意が集中することを部員たちは、「ハメ」と呼んでいた） 2005/9/1　前橋地裁で、グラウンドに生徒の名前などを刻んだ石碑をつくる、ラグビー指導に当たり、部員に体罰や差別的な取り扱いをしない、部員の健康や安全管理の徹底、スポーツ推薦で入学した生徒が部を辞めても退学にしないことを認める、などの内容で和解。

33	1994/11/13　大阪府羽曳野市立河原城中学校で、ソフトボール部の副キャプテンの青木亜也子さん(中2・13)が、顧問の男性教師(35)らから叱責された翌朝、自室でユニホーム姿で自殺。 「おかあさん、ごめんな　クラブもうつづけられへんねん」という遺書を残していた。 亜也子さんは、練習試合で送球ミスなどが重なり、「同じミスばかりするな」と怒られ、途中で交替されられた。試合後、顧問の男性教師と他の2年生たちとともに、「明日の公式試合に来なくてええ。背番号も返せ。(試合に)出せへんからな」と言われた。同部は西日本大会優勝の実績のある強豪チームだった。 1994/11/15　学校が遺族に他の部員の親や顧問2人から事情を聞いて作成した見解書(B5判で7枚分)を渡す。指導の「過熱」が亜也子さんを死に追いやったと認め、「顧問への信頼感が全くなくなっていたと判断される。心身とも疲れさせ、自ら命を断たせるに至った原因は明らかに学校にあると判断される」と書いていた。
34	1994/11/14　神奈川県横浜市の市立中学校の男子生徒(中3・15)が、電車に飛び込み自殺。 11/11　同生徒は同級生ら10人と同学年の男子生徒(中1)に、殴るけるの暴行を加えて全身に1週間の打撲傷を負わせた。自殺当日、担任教師が母親を呼んで注意。帰宅後に自殺した。私立高校への推薦入学を取り消されるのではと、思い悩んだのではないかとみられる。
35	1995/8/4　長崎県長崎市で、県立高校の男子生徒(高3・18)が飛び降り自殺。両親あてに「何も悪いことはしていないのに、教師から怒鳴られ、目の前が真っ暗になった」「40分間怒鳴られた」「(ほかの生徒の前で)とんでもないやつだと言われた」と教師3人を非難する遺書を郵送していた。 夏休みの補習中、机やいすを運ぶ作業をした際、女性教師が運び終えた同生徒に女子生徒を手伝うよう声をかけたが、男子生徒は素通りした。担任教師が問いただしたところ、男子生徒は「聞こえなかった」と返答。学年主任も職員室で注意をした。 翌朝、男子生徒は「疲れた」と補習授業に行きたがらなかったが、担任教師から登校するようにと電話が入り、家族がタクシーで送り出した。男子生徒は登校せずに自殺。 男子生徒は最近、耳の調子が悪く、病院で軽い難聴と診断されていた。校長は「難聴とはだれも知らなかった」と話し、県教委や学校は「行きすぎた指導はなかった」とした。 1996/12/　両親が長崎県弁護士会に人権侵害の申し立てをしたことに対し、同会は「教諭に不適切な言動があり、自殺の契機になった可能性がある」、「学校側と県弁護士会の調査結果の食い違いが大きい」とする報告書をまとめ、県教委、学校に再調査を要望。県教委の定例会で、「調査結果の相違点を中心に」調べて結果を出すことを決定。
36	1998/3/1　群馬県の中学校で男子生徒(中2・14)が自殺。「もう生きていく自信がない。みんなに迷惑をかけてマジごめん」「ゴメン、オレのせいでみんなヤベーことになっちまって……オレが死ぬ理由は、みんなに悪いから」などと書かれた遺書を残していた。 2/21　同生徒は校内で、友人ら8人でタバコを吸い、学校から反省文の提出を求められていた。教師に友人の名前を告げたことで責任を感じていたという。
37	1998/11/4　広島県高田郡美土里町で、男子生徒(中2・14)が自宅の車庫で首吊り自殺。 同生徒は同日昼頃、学校で同級生とナイフで遊んでいて、あやまって相手の手に軽いけがをさせ、教師から注意を受けていた。
38	1999/8/6　神奈川大学外国語学部スペイン語学科の女子大生(大1・18)が、夏休みに自宅で宿題の長文暗記中に首吊り自殺。 5月頃、担当の外国人教授が「今年度は50人中20人しか進学できない」と発言。毎日出される宿題も加わってふさぎこむようになっていた。 両親は大学に教育内容の改善や対処について配慮を求める文書を送っていたが、放置されたとして、提訴。
39 ＊	1999/11/27　北海道名寄市の道立名寄農業高校の寄宿先の学校寮洗濯室で、酪農科の男子生徒(高2・17)が、体罰を受けた数時間後の夜中に首吊り自殺。 11/26　夜、同校敷地内の寮で、男性教師(33)と男子生徒2人で、研究発表に向けた原稿を準備していた。午後9時過ぎ頃、生徒がテレビに気を取られていたことに腹を立てて、教師が足を蹴ったり、頭を叩いたりするなどの体罰を加えた。生徒にけがはなかった。

28 *	1993/10/13　栃木県芳賀郡茂木町の町立茂木中学校の塩沢允孝くん（中3）が、公園の休憩所で首吊り自殺。 遺書に、「抗議として死の道を選ぶ。暴力を振るう先生と一緒にいたくない」「担任の先生に殴られた。気の弱い僕はプライドを傷つけられた。こんな先生を許すわけにはいかない。学校もおもしろくない。これ以上犠牲者を出したくない。この先生を許すことがないようにしてもらいたい。そうすれば学校は明るくなる」などと書かれていた。 10/4　体育館で允孝くんは、担任の男性教師から生活や学習指導上の問題を理由に、顔面を4発殴られ、左目のうえにあざができていた。同教師は事件までの半年間に、ほかの生徒に対しても、計8回の暴力をふるっていた。 学校は1カ月以上たってから公表。体罰があったことは認めたが、理由は「生徒のプライバシーにかかわるので明らかにできない」とのみ説明。両親に対しても、「授業態度が悪かったため」と説明。 教育委員会に提出した学校事故報告書には、体罰があったことや、抗議の遺書が残されていたことなどは書かれていなかった。
29 *	1994/9/9　兵庫県龍野市立揖西小学校で、担任教師にぶたれた直後、内海平くん（小6・11）が自殺。 同日、平くんが「運動会のポスターの絵、自分で考えたんでもええん」と質問したところ、教師は「3時限目に説明したやろ。何回同じことを言わすねん」と大声で怒鳴り、利き手の左平手で平くんの頭頂部を1回、両頬を往復で1回殴打。教師は一旦、教卓のほうに戻りかけたが、平くんが他の同級生の方を見て照れ笑いを浮かべたのを見て、馬鹿にされたと思い立腹し、「けじめつけんかい」と怒鳴りながら、再び、左平手で頭頂部を1回、両頬を往復で1回、口の中が切れるほど殴打。 死亡事故報告書には「不明」と書いてあり、県教委は平くんの事件を自殺に計上しなかった。 2000/1/31　神戸地裁姫路支部で原告勝訴判決。教諭による体罰や暴行が自殺の原因として行政責任が認められたのは初めて。市側の「ロープで遊んでいて、足場の悪いいすが倒れたことも考えられる」との主張を退け、自殺と認定。　※3 2013/3/19　市教委は、19年たってようやく事故死としていたものを体罰による自殺と認め、報告書を訂正。
30	1994/9/20　福岡県福岡市の中学校の女子生徒（中3・14）が、学校で担任教師から盗みに対する指導を受けたあと、帰宅途中に「私が全部悪いんです。もう生きていく資格がないから死にます」という内容の遺書を残して、高層団地から飛び降り自殺。 女子生徒は入学当時、友人がほとんどできず、「同級生が悪魔に見える」などと家族に話していた。同級生の歓心をかうために、盗みをしてプレゼントを渡していた。 指導目的で始めた教師との交換日記に、女子生徒は「自分で自分の首をしめた」「何度も同じ事をし、信用を失われ、生きる価値もない人間なのだ。」「死ねるものなら死んでしまいたい。」と書いていたが、担任の女性教師（36）は、「この年代の子はしかられた時の気持ちはこういうものかな」と感想を抱いただけで、内容について生徒と話し合うことはなかった。
31	1994/10/24　大阪府枚方市の私立女子高校の女子生徒（高1・16）が電車に飛び込み自殺。 クラスで約1週間前に、他の生徒のカバンが紛失する騒ぎがあり、一部の同級生からこの生徒が盗ったのではないかと声があがった。担任教師が母親を呼んで事情を話し、母親が本人に問いただしたが、女子生徒は担任に「私ではない」と答えていた。
32	1994/10/29　鹿児島県出水市立米ノ津中学校の舩島洋一くん（中3・14）が自宅の庭の木で首吊り自殺。 夏休み前に、顔に怪我をしたり頭に大きなコブをつくって学校から帰ってきた。三者面談のときに担任教師に話すが、解決策はとられなかった。いじめがあったかどうかをクラスでアンケートをとった結果、何も出てこなかったため、担任教師はみんなの前で洋一くんに謝らせていた。 校長は「怪我をさせた子はわからない、学校では一切何もなかった」といじめを認めず、謝罪もなし。学校は生前のアンケートも、洋一くんの死後3年生全員にとったアンケートも開示せず、何もなかったから処分したと発言。アンケートに、「洋一くんはいじめられていたと書いた」という女子生徒の証言もあるが、学校側はいじめは一切なかったと断言。

	メイトの自分への気持ちが知りたい」と言ったことから、担任教師は道徳の授業中に、夕子さんを別室で待たせ、クラス全員に「上原さんの何がいやなのか」をテーマに匿名で作文を書かせた。担任は集めた作文に目を通したうえで、約半分（約20編）を本人に手渡した。 1987/8/10　長野市は「教育的配慮が足りない面があった」として、遺族に700万円を支払うことを決定。こうした措置が取られるのはきわめて異例。
20	1989/3/13　香川県大野原町で、県立高校の男子生徒（高1）が、自宅近くのビニールハウス内で首吊り自殺。 「反省日記」と題をつけたノートがあり、バイクの無免許運転で無期停学を受けたことを「とてもつらかった」と書いていた。
21	1989/6/11　群馬県赤堀町で、生徒指導の教師に喫煙が知れてしまったことから、男子生徒（中3）が厳しい指導を恐れて自殺。 「先生へ」の遺書に、「一番きらいできにいんない　みんなもそういっている　ころしてとかいっているけどかちめないし　先生は口で言えばわかることを　どうしてなぐったりするんだろう　そんなことをしなくてもいいのに　そのことを考えるだけで　やだ　くそう」と書いて、生徒指導担当の教師が名指ししていた。友人3人と、生徒指導の教師に喫煙が知れてしまったことを話し合い、男子生徒は「殺されるかもしれない。一緒に死のう」と友人を誘っていた。
22 ＊	1991/8/27　青森県三戸郡で、中学校の女子生徒（中2・13）が自宅で農薬を飲み、服毒自殺。 部活動で顧問教師（29）から暴力を振るわれたことを「殺したかった」と遺書に残していた。
23	1991/9/25　北海道赤平市立赤平中央中学校の女子生徒（中3・15）が、学校を休んで友人ら3人と河原に出かけて話しているうちに、「先生に注意された。死にたい」と言って入水自殺。友人らが止めようとしたが間に合わなかった。同生徒は、5月から体調を崩し、9月に入って2回無断欠席。出席日数が不足して、担任の男性教師（47）に数回、注意されていた。 9/24　前日にも午前中、女子生徒と友人1人を呼んで、担任が注意していた。
24	1991/11/12　福井県吉田郡永平寺町の特殊学級の男子児童（小6）が自宅近くの納屋で首吊り自殺。遺書はなかった。 男子児童は2、3日前、男性教師から「お前なんか死んでしまえ」と言われ、死ぬ前日にも友人から「首を吊ったらどうか」などと言われていた。当日、友人に「死にたい」と漏らしていた。
25 ＊	1992/2/22　東京都東久留米市の市立中学校から、体罰が原因で別の中学校に転校して2日目に、女子生徒（中2）が自殺。 1991/6/　Aさんは前の学校の林間学校で、就寝時間の見回りにきた女性教師から、「注意に対して反抗的な態度をとった」として、頬を強く殴られた。 1992/1/　授業が始まっても教室に戻らなかったことから、同教師に「じゃまだから、学校に来るな」と言われ、一緒に注意を受けた別の女子生徒と、頭と頭をぶつけられた。 Aさんは、女性教師のことを慕っていただけに強いショックを受け、その日から1週間、家出。帰宅後も同教師の授業を嫌がったため、親が転校させた。
26	1992/6/24　島根県益田市の市立東陽中学校で、岡崎一（はじめ）くん（中3・14）が、自宅近くの雑木林で首吊り自殺。 担任教師らは、下級生が行った万引きを、一くんが強要したのではないかと疑い、校内の放送室などで、一対一で3日間にわたって厳しく調べた。 一くんは入学当時から同級生数名から集団暴力、無視、自転車をこわされる、けんかをさせられる、使い走りをさせられるなどのいじめを受け、転校を申し出ていた。学校側はいじめをやめさせるよう責任を持って努力するからと説得したが、その後もいじめは陰湿化し、続いていた。 1993/1/11　両親が学校管理者の益田市を、3000万円の慰謝料を求めて提訴。 1994/12/8　松江地裁益田支部で、原告側は金銭の要求等はすべて放棄し、学校側が「一くんが自殺したことは遺憾である」と表明することで和解。
27	1992/7/10　大阪府箕面市の市立中学校の男子生徒（中2・13）が、自宅のあるマンション9階の踊り場から飛び降り自殺。 同生徒はこの日、2時限目の授業中、同級生にからかわれたと相手の首筋を1、2回たたいたことから、休み時間に担任が注意。放課後、副担任も約20分間にわたって注意していた。

	1983/　両親が、「先生の屈辱的なしかり方が自殺を招いた」として、外海町を相手どって1000万円の損害賠償を求めて提訴。 1984/4/25　長崎地裁で、「忘れ物を取りに帰らせることも教育の一端として肯首できる」として懲戒行為の違法性を否定。「担当教諭の行為と生徒の自殺との間に常識的に考えられる因果関係はなく、自殺を予見することも不可能だった」として棄却。
16	1984/12/3　長野県北安曇郡松川村の村立松川中学校の尾山奈々さん（中3・15）が、自宅裏の物置で制服のまま首吊り自殺。 自殺する前に、学校と所属している英語クラブの顧問にあてた「抗議文」を書いて、教室の机の中に入れていた。 顧問は、英語クラブの活動を1年生の基礎からやり直す「授業」のような形でやろうとしていたが、奈々さんは授業と同じ形にしないでほしいと考えていた。顧問はあくまでも方針を変えず、奈々さんは次第に反抗的な態度を示すようになっていた。顧問は他の生徒がいる前で、「あの子は前はあんな子じゃなかった。どうしてあんな子になってしまったんだろう。前のように良い子になるまで待つわ」と言っていた。奈々さんは9月に入ってたびたび、「死」を口にだしていたが、友人たちは冗談だと受け止めていた。
17	1985/2/16　神奈川県横浜市金沢区の小学校の杉本治くん（小5・11）が、「S／60・2・16　12・24・36　オーくん死去」、「マー先生のバカ」という言葉と級友4人の名前をフェルトペンで残して、団地踊り場から飛び降り自殺。 他の男子児童が廊下の流しを詰まらせた際、咎めた教師に対し、治くんが「学校を破壊しよう」と言ったからと答えた。女性担任に呼ばれ詰問された治くんは、「学校を破壊しよう」などとは言っていない、「学校を破産させれば、勉強をしなくてもいいし、テストもなくなる」と言ったと答えた。 担任は治くんを級友の前で約1時間にわたって、「将来、精神病院にいくようになる」などと言って厳しく責めた。その後、反省文を書くように言い渡していた。治くんは反省文を提出したあと、帰宅途中に近くの団地から飛び降りた。 治くんは、4年生で杉並区から転校してきた。学校や教師に対する不信を何度も作文に書いていた。
18 *	1985/3/23　岐阜県恵那市の岐阜県立中津商業高校の竹内恵美さん（高2・17）が、陸上部顧問教師（46）の暴力的なシゴキや体罰を苦に自室で首吊り自殺。 「お父さん、お母さん、私は疲れました。もうこれ以上、逃げ道はありません。なんで、他の子は楽しいクラブなのに、私はこんなに苦しまなければいけないの。たたかれるのも　もうイヤ　泣くのも　もうイヤ」などと書いた遺書を残していた。 自殺の前日、恵美さんは進級に必要な成績がとれず、追試試験を受けた。追試験終了後の採点で無事進級が決まったが、追試だったことに対し、陸上部顧問が体育教官室で1時間指導。続いて担任教師から勉強や部活動について1時間15分にわたって説諭。更に、午後3時すぎから2時間半、再び陸上部顧問が説諭。計4時間45分に及ぶ訓戒を受けた。 その日、朝寝坊をして朝食抜きで家を出た恵美さんは、昼食もとれなかった。直立不動の姿勢をとり続け、罵声を浴びせられ、竹刀を突きつけられ、殴られた。 恵美さんは、有望選手を集めた県陸協主催の強化合宿に参加する予定だったが、欠点を取ったあと、顧問の教師に「お前は（合宿に）連れて行かん」と言われショックを受けていた。槍投げの練習もさせないと言われて、グランドの片すみでもいいから練習させてほしいと懇願したが許されなかった。 顧問は「お前なんかしらん。お前の顔など見たくない」などと言って帰宅。 恵美さんは1年生秋の岐阜県新人戦の女子槍投げで優勝。有望選手として特別厳しい練習を課せられていた。陸上部顧問教師は、校内では「校則」を守らせる体育科教師グループのボス的存在で、部活動以外の生徒たちからも恐れられていた。 1993/9/6　岐阜地裁で一部認容。体罰の違法性を認め、岐阜県に計300万円の慰謝料支払い命令。ただし、自殺と体罰の直接因果関係と、教師個人への賠償請求は認めなかった。確定。※2
19	1987/4/23　長野県長野市篠ノ井の市立篠ノ井西中学校の上原夕子さん（中2・13）が、自宅の2階で首吊り自殺。 遺書には「みんな人の気持ちがわかってほしかった。ひどい」と書かれていた。 いじめに悩む夕子さんが教師に相談するなかで、「どこを直したらいじめられずにすむのか、クラス

	遺書には「体育館で記事について責められ逃げ場がなくなった。助けてくれと叫んでも助けてくれるものはいなかった。死ねばみんなが喜んでくれるだろう」と書いていた。 学校や日教組は、リンチなどの暴力沙汰を否定。 10/11　被疑者不詳のまま、傷害罪で告発。
8	1976/4/25　東京都江戸川区の区立中学校の女子生徒（中３・14）が、国電総武線に飛び込み自殺。 10日ほど前、学校で行われたフォークダンスで男子生徒と手を握るのを嫌がって教師から注意されたことを気にしていたという。
9 ＊	1976/12/7　福島県田村郡三春町組合立要田中学校の知的障がいのある男子生徒Aくん（中３・14）が遺書に「学校がこわい」と19回も繰り返して、自宅近くの葉タバコ乾燥小屋の中で首吊り自殺。 学校で、公金と教師の貯金通帳と印鑑などが盗まれ、教師４人がAくんに暴行を加えるなどして詰問。「白状するまで毎日、調べるぞ」と言われ、Aくんは犯行を認めた。その後、犯人が見つかったが、Aくんは再び共犯を疑われ、「犯人の名前を書け」と責められていた。 校長は引責辞職、教頭と教諭１人が戒告、他の３人の教師は文書戒告処分を受けた。 Aくんは家族に殺害されたとの噂がたつ。（警察は「鑑定の結果、自殺に疑いはない」とする。） 1992/11/　福島市在住の映画監督が、同事件を題材に映画「ザザンボ」を製作。「家族による他殺」を示唆する内容になっていた。また、土葬の墓を掘り返していたことも判明。
10 ＊	1978/2/末　未遂　東京都大田区の中福小学校で、男子児童Kくん（小６）が、生徒指導担当教師ら３人から厳しく詰問された直後、校舎３階の窓から飛び降り、全治約８か月の重傷。 Kくんは友人とともに休憩時間に学校を抜け出して忘れ物を取りに帰宅する途中、友人が所持するパチンコ玉を投げて近所の窓ガラスを割って、詰問されていた。 民事裁判で、男子児童側は「教師ら３人が教室前の廊下でKくんを取り囲み、45分間にわたって、Kくんに不利益な供述を強要した。特にT教師は、初めからKくんひとりで故意にこの事件を起こしたと決めつけ、Kくんに弁解の機会を与えず、『ほんとうならここでぶっとばされても仕方ないんだぞ』『指紋をとれば犯人はすぐ分かるんだぞ』『おまえがしゃべらなければ、学校の体育館のガラスが割られた事件もお前のせいにするぞ』などと言った。さらにT教師は、Kくんのほうに体を寄せ、『お前がやったんだろう』と言いながら、Kくんの胸や腹を手拳で２、３回、後ろに倒れそうになるくらい強く突いた。」と主張。学校側は「事情聴取の時間はせいぜい15分くらい。教師が「手を前に出した際、一度、手が原告（Kくん）の腹部に触れた程度。」と主張。 1982/2/16　東京地裁は教師側の言い分を認め、教師らの違法性を否定して棄却。
11	1978/10/31　東京都府中市の市立住吉小学校の教室で、女子児童（小４・９）が首吊り自殺。 この日は給食調理員の時限ストで、生徒たちは弁当を持参していた。３時限目の授業が終わった休憩時間に女子児童が口をもぐもぐさせていたことから、男子児童２人が「弁当を食べたろう」とはやし立てた。女子児童は「食べていない」と言って、黒板消しで男児をたたき、筆箱や鉛筆を投げつけた。これを見た担任教師（28）に「そんな乱暴しちゃだめよ」と注意されていた。 府中市は、学校管理下に発覚した事件であるため、「日本学校安全会」に遺族への死亡見舞金を申請。一般死同様の1200万円の給付が決定した。はっきり自殺とわかるケースでの見舞金は初めて。
12	1979/2/16　北海道苫小牧市の市立小学校の男子児童（小６・12）が、自宅風呂場で首吊り自殺。 この日、学校で休み時間に、友人数人といたずらで火災報知器を鳴らし、教師から「いいか、悪いか、家に帰って考えろ」と叱られていた。
13	1980/10/24　神奈川県相模原市の東海大学付属相模高校で、自転車の盗みを疑われた男子生徒（高１）が、校舎屋上から飛び降り自殺。
14	1980/11/27　神奈川県鎌倉市で、「先生を恨む」と遺書を残し、男子生徒（高２・17）が焼身自殺。
15	1982/7/17　長崎県長崎市西彼杵郡外海町の町立神浦中学校の男子生徒（中３・14）が、自宅で自殺。 １時間目の国語の授業中、教師(54)に、前日に出された宿題を「したけれど、できなかった」と申し出た。教師に往復４キロ、徒歩で往復１時間半かかる自宅に取りに行くよう言われて帰った。午前10時すぎになっても男子生徒が教室に戻らないため、校長や担任、国語の教師らが自宅に行き、祖母と一緒に捜したところ、牛の飼料小屋で首を吊って死んでいるのを発見。 遺体の横に、「しぬ」と鉛筆で走り書きした国語のノートがあった。教師は宿題を他の生徒も忘れたかどうか確認せず、自ら申し出た男子生徒だけを叱り、ノートを取りに帰らせていた。

〈資料〉「指導死」一覧　1952年〜2013年4月

書籍や新聞等から武田調べ
＊は有形の暴力ありのもの

	「指導死」の内容　（未遂5件を含む）
1 ＊	1952/4/25　東京都世田谷区の国立東京学芸大学附属世田谷中学校で、男子生徒（中2・13）が飛び降り自殺。 教室で、図画の教師が生徒に静かにするよう注意したところ、男子生徒が咳払いをしたので、「ふざけるな」と注意。男子生徒は「寒い時に口から出るのは当たり前」と言い返し、隣の席の生徒も同調。教師は咳をした男子生徒を殴ったうえ、2人を廊下に出した。 直後、男子生徒は別校舎の屋上から飛び降り自殺。 人権擁護委員会は、教師の「体罰」は認定したが、自殺との因果関係は確認できないとした。東京地検も教師を不起訴処分。
2	1955/7/5　兵庫県神戸市の本山第三小学校の赤田治男くん（小2・8）が鉄道自殺。 授業中、隠しごっこのいたずらで、教師に「泥棒学校へ行け」と叱られていた。自殺に誘われた友だちは直前に逃げて助かった。
3 ＊	1955/12/16　茨城県北相馬郡取手町の茨城県立取手第二高校の女子生徒（高2）が、教師の実名をあげて「呪ってやる」と書いた遺書を残して農薬で服毒自殺。12/18死亡。 教師（33）が服装検査をおこなった際、着ていた上着のボタンがうまくはずれなかったことから、女子生徒は「チクショー」と独り言をつぶやいた。これを聞きつけた教師は立腹し、女子生徒を数度殴りつけた上、足蹴りするなどした。
4	1963/2/13　大阪府大阪市城東区の区立すみれ小学校の教室で授業中、男子児童Aくん（小6・12）が教室の窓から飛び降り自殺。理科の時間に約2割の生徒が宿題を忘れ、女性教師（37）が、「Aくんは前の日も忘れましたね。そんなに忘れるのなら一度、お家の人に学校に来てもらいます」と叱ったところ、真っ赤な顔をして頭をかかえ、すぐ横の窓から飛び降りた。
5 ＊	1963/9/26　福岡県田川市の県立田川東高校の男子生徒Aくん（高3・17）が、担任教師（25）から体罰を受けた翌朝、自宅倉庫で首吊り自殺。「先生の仕打ちをうらむ。死んでも忘れない」との手紙を6通、友人に出していた。 自殺前日、男子生徒は他のクラスメイト2人とともに授業中私語をしていて立たされたあと、職員室で人文地理の成績が悪いことをあわせて叱られた。それを見ていた担任教師が理由をただし、次の授業のため教室に戻ろうとするAくんだけを残して、他の非行事実の告白を求めたり、反抗的な態度に対し「そんなことなら学校を辞めてしまえ」と叱責。他の教師も加わった。昼食抜きで、授業に出させず、反省を求めた。他の教師から喫煙やカンニング等も聞かされ、Aくんの頭を平手で数回殴打。明日、父親を学校に来させるように言って、教室に帰していた。 1審〜高裁で、「教師が生徒に対して懲戒権を行使する場合には、それによって予期しうるべき教育的効果と生徒の蒙るべき権利侵害の程度とを較量し教育上必要とされる教育の限界を逸脱することのないよう留意するべきである」「被害生徒と担任教諭との信頼関係が既に破壊されていたこと、本件非行の程度、被害生徒は既に担当教諭に適切な訓戒を受けて十分納得服従したばかりであったこと、懲戒の態様等を考慮して、本件懲戒は期待しえない不適切なものであるにとどまらず、生徒の権利侵害の程度もはなはだしいとして、懲戒の範囲を著しく逸脱した違法なもの」とした。ただし、自殺との因果関係を認めず、懲戒行為の慰謝料だけを認める。※1
6 ＊	1972/8/24　北海道札幌市西区の中学校の男子生徒（中2・14）が、夏休みにガス自殺。 遺書に「僕は死にたい。先生は暴力教師、すぐびんたを張る。かっぱらいを何度もしたことがある。そのたびに十発も二十発もなぐられたことがある。ノートにウソを書いただけでなぐられたこともある。先生は一日三時間勉強しろと怒鳴る。だから死にたい。こんな先生がいる限り、僕は学校に行きたくない」と書いていた。 男子生徒は母子家庭で、数回の非行歴があった。教師は「ナイフで床を刺して遊んだりして目に余る行為があったので1、2度たたいたことがある」という。
7 ＊	1973/9/3　埼玉県越谷市の自宅で、東京都立江北高校の山本有浩くん（高2・16）が感電自殺。 6/8　有浩くんは、日教組批判の新聞記事を学校新聞に掲載しようとして、担任教師や新聞部の先輩に見つかり、集団リンチを受けた。顔や背中に大けがをし、11日間の入院。それ以降、登校していなかった。

大貫隆志（おおぬき たかし）
1957年栃木県生まれ。栃木県立栃木高等学校卒業、明治大学文学部演劇科中退。2000年9月、長時間の生徒指導などを受けた翌日、次男大貫陵平が自殺。生徒指導による子どもの自殺を「指導死」と名付け、問題提起を行う。「指導死」親の会共同代表、一般社団法人ここから未来代表理事。子どもの自殺問題解決に向けて、講演・執筆などさまざまな活動に取り組む。

住友 剛（すみとも つよし）
京都精華大学人文学部教授。関西大学大学院文学研究科博士後期課程を単位修得後退学。1999年4月～2001年8月、兵庫県川西市の子どもの人権オンブズパーソン調査相談専門員を務める。著書に『新しい学校事故・事件学』（子どもの風出版会）、『はい、子どもの人権オンブズパーソンです』（解放出版社）、共著に『子ども・権利・これから』、『子どもの声を聴く』（以上、明石書店）、『日本近代公教育の支配装置』（社会評論社）などがある。

武田さち子（たけだ さちこ）
東海大学文学部日本文学科卒業。教育評論家。一般社団法人ここから未来理事、全国柔道事故被害者の会アドバイザー、Web「日本の子どもたち」（http://www.jca.apc.org/praca/takeda/）主宰。著書に『保育事故を繰り返さないために』（あけび書房）、『子どもとまなぶいじめ・暴力克服プログラム』（合同出版）、『わが子をいじめから守る10ヵ条』（WAVE出版）などがある。

「指導死」
追いつめられ、死を選んだ七人の子どもたち。

●二〇一三年 五 月一五日――――第一刷発行
●二〇一八年 三 月二〇日――――第三刷発行

編著者／**大貫 隆志**
（「指導死」親の会 代表世話人）

発行所／株式会社 **高文研**
東京都千代田区猿楽町二―一―八
三恵ビル （〒一〇一―〇〇六四）
電話03＝3295＝3415
http://www.koubunken.co.jp

印刷・製本／精文堂印刷株式会社

✣万一、乱丁・落丁があったときは、送料当方負担でお取りかえいたします。

ISBN978-4-87498-513-7 C0037